JIANGSU DAXUE SHIHUA

本书编委会

主　　编：高　鸣
副主编：王　征　任建波
编　委：薛　萍　吴　奕
　　　　朱玲萍　李红艳

高 鸣 主编

王 征 任建波 副主编

江苏大学史话

江苏大学出版社

JIANGSU UNIVERSITY PRESS

图书在版编目(CIP)数据

江苏大学史话/高鸣主编.—镇江:江苏大学出
版社,2011.10
ISBN 978-7-81130-270-7

Ⅰ.① 江… Ⅱ.① 高… Ⅲ.① 江苏大学—校史 Ⅳ.
①G649.285.33

中国版本图书馆 CIP 数据核字(2011)第 202339 号

江苏大学史话

主　　编/高　鸣
副 主 编/王　征　任建波
责任编辑/林　卉
出版发行/江苏大学出版社
地　　址/江苏省镇江市梦溪园巷 30 号(邮编:212003)
电　　话/0511-84440890
传　　真/0511-84446464
排　　版/镇江文苑制版印刷有限责任公司
印　　刷/丹阳市教育印刷厂
经　　销/江苏省新华书店
开　　本/890mm×1 240mm　1/32
印　　张/8.25
字　　数/230 千字
版　　次/2011 年 10 月第 1 版　2011 年 10 月第 1 次印刷
书　　号/ISBN 978-7-81130-270-7
定　　价/38.00 元

如有印装质量问题请与本社发行部联系(电话:0511-84440882)

序

承百年传统　创一流大学

高良润

　　《江苏大学史话》是汇集江苏大学建校过程中艰苦奋斗取得胜利光辉历程中的一鳞一爪而成的。前事不忘,后事之师。期望读者从中了解学校的历史贡献,研讨学校的发展历程,探索学校的优良传统,以利总结经验教训,更好地发展和建设学校。

　　江苏大学于2001年8月经教育部批准,由原江苏理工大学、镇江医学院和镇江师范专科学校合并组建而成。三校均为历史名校。其中,原江苏理工大学的前身是1961年建立的原镇江农业机械学院,其办学渊源可追溯到1902年在南京创办的三江师范学堂。江苏大学在长期办学实践中,秉承百年老校的办学传统,与时俱进,创新人才培养模式,为社会培养和输送了一批又一批经世致用的人才,涌现出众多杰出的专家,他们在我国现代化建设的各条战线上发挥着重要作用,作出了突出贡献。当前,我国正由高等教育大国向高等教育强国迈进,学校也正处于"提升内涵,强化特色",向高水平大学迈进的关键阶段。面对"十二五"期内学校事业发展面临的新形势、新任务,倾力打造质量名校,学校正努力成为转制合并高校的成功典范。

胡锦涛总书记在庆祝清华大学建校 100 周年大会上的重要讲话中指出:"高等教育作为科技第一生产力和人才第一资源的重要结合点,在国家发展中具有十分重要的地位和作用。"他同时强调了全面提高高等教育质量的紧迫性和根本要求;提出要努力出名师、育英才、创一流;还要求我国东部地区要率先发展,更加适应城镇化发展和新农村建设需要,打造教育特色和优势。我们要学习贯彻胡锦涛总书记的讲话精神,锐意进取,扎实工作,紧紧抓住全面提高质量这条高等教育的生命线,承百年传统,创一流大学!

目　录

人物春秋

——沧桑岁月

传播农机教育的种子

1956 年，一群奋发有为的年轻人，大学一毕业就被选拔到南京工学院，组成中国第一批农机设计制造师资班，接受为期两年的农业机械设计制造教育，他们成为后来中国农机教育的传播者。这 8 名年轻人中有 4 位毕业于上海交通大学，其余都毕业于南京工学院，他们分别为郭骅、李崇豪、胡志贤、韦祖康、冼福生、邹琳（女）、俞一鸣、许广庚。

一个专业是高等院校的一个细胞，其发展受到政治、经济、社会多方面条件的制约。20 世纪 50 年代中期，我国实行农业合作化，当时，农业机械设计制造专业教育还是一片空白，国内高校也没有培养过农业机械设计制造的专门人才。1955 年，我国开始在南京工学院和长春汽车拖拉机学院筹建第一批农业机械设计制造专业，两校分别从机械类专业抽调一批教师组建农机教研室。1956 年，为了使筹备工作更快进行，国家聘请了前苏联罗斯托夫农业机械学院副教授尼古拉也夫到南京工学院，承担培养我国第一批农机设计制造研究生班的教学任务，协助我国建立农业机械设计制造专业。

外聘农机专家尼古拉也夫是前苏联罗斯托夫农业机械学院的副教授、科学技术副博士（相当于我国博士），苏共党员，来华后担任南京来华专家组组长。卫国战争期间，他曾在苏军服役，东至平壤，西达柏林，立有战功。二战后他上了大学，1950 年攻读副博士学位，1953 年毕业。来到南京后，尼古拉也夫根据苏联教材用俄语讲授"农业机械理论与设计"课程，由朱森源担任专业翻译。

在南京工学院，师资班成员相聚一堂，学习农机专业课程，除尼古拉也夫讲授的课程外，还学习俄语、工程数学、拖拉机学、农机学（耕作机械、收获机械、特种机械）、农艺学等课程。大家都非常认真和刻苦，他们意识到自身担当着填补中国农机设计制造教育空白的重任，所以争分夺秒、如饥似渴地学习知识。

南京工学院农业机械设计制造教研室的教师得天时地利，在本校听取尼古拉也夫讲授的"农业机械理论与设计"课程，其中高良润教授、钱定华教授，孙一源、吴守一、沈林生、桑正中老师后来都成为我校教师。得知南京工学院请到了苏联农机专家，长春汽车拖拉机学院农业机械设计制造教研室也倾巢而动，全部来到南京工学院听课。两个教研室在听取尼古拉也夫授课的同时，也选听"拖拉机学"、"农艺学"等课程。他们听课的同时还承担着其他重要任务：编写教材，制订教学计划和教学大纲，筹建农机实验室，为走上讲台授课作准备。《农业机械的理论、构造和计算》（上、中、下）是他们编写的教材之一，尼古拉也夫为该书作序，称《农业机械的理论、构造与计算》是"南京工学院和长春汽车拖拉机学院农机教研室全体教师集体编写而成的中国第一部农机专业讲义，创造性地学习和总结苏联先进经验，并尽可能地结合中国具体情况加以应用"。

1957 年夏收夏种时节，师资班全体成员和农机教研室的大部分老师来到河南省黄河泛滥区的农场实习，学习操作拖拉机、收割机等农业机械设备。

经过将近两年的理论学习和生产实践，师资班完成了培养任务，绝大多数成员在南京工学院、南京农学院、长春汽车拖拉机学院从事农机教学和研究工作，成为学校农机设计制造专业的中流砥柱，也有小部分人被分配到农业机械化研究所或农业机械厅，从事研究和行政管理工作。回忆过往的日子，他们充满自豪感，觉得自己是种子，有幸接受了我国最早的农机教育，同时又作为农机知识的传播者，用所学知识培养了一批又一批农机人才，为中国农机教育事业贡献了自己的力量。

（吴奕）

艰苦奋斗　立业之本

柳营生活

1960年,时值三年自然灾害,生活极端困难,南京农业机械学院就筹备、诞生于这一时期,它担负着培养中国农机高级人才的重任。这是一个暂时没有校址的大学,夏末初秋,院领导一面忙于运筹建院的大事和选校址,一面又筹划着新生入学事宜。上无片瓦遮风挡雨,下无立足之地,招生岂能纸上谈兵? 在上级领导的关心和支持下,首届机械制造工艺及设备专业128名新生被安排到了南京东郊的柳营。

那一届以南京农业机械学院名义招收的新生共有278名,分别录取到农业机械设计制造、汽车与拖拉机、机械制造工艺及设备3个专业,其中农机、汽车和拖拉机专业的150名新生被安排在南京工学院内学习生活,其余128名新生则被安排在柳营的临时院部。虽然拥有新生的人数不算多,但它却是一所新生的农机高等学府,为我校将来的发展打下了第一根桩基。

9月下旬,秋高气爽,南京东郊柳营当时江苏省农科院柳营农中师资训练班校址的几栋平房,迎来了这128名新生。学生、教师都被安排在柳营的这几栋平房里,厨房是用芦席临时搭建的棚子,吃饭定量,喝的是酱油汤,每人每月供应2两猪肉。有的同学饿了,就嚼几块咸菜或几根胡萝卜充饥,由于营养不良,不少师生患上了浮肿病。没有饭厅就在露天用餐,颇似军队的野营生活,有的同学风趣地称之为"秋高气爽月亮明,露天用餐似野僧",初秋尚可坚持,进入深秋,热气腾腾的饭菜瞬间变得冰冷,实在难以下咽,特别是大城市来的同学,对此非常敏感,但他们都毫无怨言。教室是简陋的平房,教师有的分散住在市区,新来的住在旅馆,少数住在临时院部,他们克服交通和生活上的种种不便,早出晚归,从不迟到。如此艰苦的生活和学习条件,更激发了学生的学习热情,当时学习气氛浓厚,纪律良好,靠的是一个共同信念——振兴我国的农业事业,尽快把农业搞上去。

为加强师生教学和生活管理,院党委决定在柳营新生驻地设立临时院部,这是院本部派出的临时机构,同时组建了党支部。临时院部没有专门的办事机构,仅有一枚"南京农业机械学院临时院部"的公章,由支部负责管理使用,凡对外联系事宜均以临时院部的名义,其他事宜概由支部负责。支部由书记、组织、宣传、劳动委员4人组成,包括行政人员在内,总计10余人。就是这班人马,遵照党委的指示,在十分困难的情况下,师生干群团结一心,克服了一个又一个前进中的困难,使教学、生活逐渐步入了正常的轨道。

1960年底,进入隆冬季节,困难越来越多,在南京工学院的支持下,临时院部的师生告别了柳营的生活,搬到该校实验室的平房里,在那里开始了新的工作和学习,在柳营的"野营式生活"也就此画上了一个句号。

(丛堃滋)

抬土　种树　建学校

艰苦奋斗是无形的精神财富,回顾我校校本部的创业史,催人奋进,信心倍增,可以说它是一本艰苦奋斗的"教科书"。

在镇江农业机械学院(全书为行文方便,有时简称镇江农机学院)早期基建过程中,所有的抬土、平地和种树任务几乎都是由师生人力完成的。

1961年9月,学校迎来迁入新址后的第一届252名新生,来自五湖四海的年轻人怀着满腔热情来到学校,到了才知道在这里学习和生活的艰苦。因处于初建时期,偌大的校园只有一栋马蹄形的基础课楼和几栋简易的平房。宿舍没有玻璃,下雨的时候靠窗的同学要搬移床铺;没有卫生间,每个宿舍发一个木桶,一大早由值日的同学负责抬出倒掉;没有自来水,同学们从老远的井里用脸盆端水回基础课楼……生活很苦,但所有的师生都不叫苦,他们清楚幸福需要双手去创造。当时,从院领导到每一位任课教师和在校学生都投入到了火热的劳动之中。

劳动是历练人生的课堂。1961年进校工作、参加和见证了建校劳动的黄东山老师回想当年记忆犹新。当时学校没有运动场地,学生都是在黄泥地上进行体育活动,1961年学校决定开工建设第一块田径场(现校本部东山操场所在地)。学校地处丘陵地带,"三山两洼"地形,田径场这块土地本来是一块生长水草的沼泽洼地,北高南低,相差近2米,于是师生一起开始了基建的最初工作——抬土平地。学校购置了铁锹、竹杠、箩筐等工具,劳动全部是靠人力手工操作。每周轮到哪个班劳动,就由该班的劳动委员带队集中到仓库门前,先讲劳动内容,然后分配劳动任务。1961年9月新学期开学,教学工作进入正轨,国庆节一过,抬土平地工作就开始了。

那时,同学们组织纪律性很强,大家争先恐后,抢着干活,出现了许多感人的情景。刚开始,一些来自上海等大城市从没做过农活的孩子,一天下来肩膀就磨破了,但他们不叫一声苦,主动由抬土改挖土;挖土时间久了胳膊酸,就又改回抬土。有的女同学肩膀受不了,第二天就带上夜里睡觉的小枕头放在肩膀上继续抬。当时参加过劳动的老师们回忆,即使是冬天,很多人还穿着背心干活,有时背心湿得都能拧下水来。遇上天气热,烈日当头,汗衫上都结出盐巴。尽管如此,从院长、教师到学生,没有一个人抱怨,大家边劳动边交流,越干干劲越足,个个生龙活虎,你争我赶。

抬土现场,学生们还成立了拉拉队,"加油!"、"加油!"的吆喝声不绝于耳,常常还会有同学唱歌给大家助兴。在劳动中涌现出的优秀班级和个人,会在学生宿舍楼(现校本部留学生公寓)前面一个不到2平方米的黑板上进行表扬,除此再无任何报酬。师生们回忆当年,一致反映:艰苦的生活和劳动环境没有挫伤大家的积极性,反而让大家更加坚毅、团结。劳动造就了那一代人吃苦耐劳的品质,培养了彼此间的深厚友谊。

田径场抬土平地的劳动持续了两年时间,同时进行建设的还有学生宿舍楼、教师宿舍楼(现校本部二区1,2,3栋)、基础课实验楼(现理学院后楼)等,师生们的劳动加快了基建工程的进度,也为学校节省了一大笔开支。

罗兰说:"世间一切美味佳肴都没有劳动结出的果实更甜美。"1963年冬,学校第一个标准田径场建成。1961级学生谢福祺(后留校任教)回忆:"丘陵变操场,同学们别提多激动了!虽然还是煤渣跑道,但对于当时文娱活动单一的同学们来说,简直是个惊喜。天蒙蒙亮,同学们就早早来到操场上,跑步、踢球、锻炼,我们太珍惜这样的锻炼机会了,自己双手建设出来的,就更加感情深。"

1963年秋,师生在操场平地的场景

当时师生劳动的内容还有一项就是种树。1961年冬开始,师生抬土方的同时也开始挖坑植树。现在校本部中门林荫道上茂盛的法国梧桐、东山操场四周的银杏、杨树以及校园里的许多大树都是当年种植的。

几十年过去了,当年参加劳动、建设学校的老师们都已白发苍苍,很多学生已成为各行各业的中坚力量。1961级的校友再相聚母校,伴着老师漫步在校园里,古朴发黄的老建筑、郁郁葱葱的大树以及难以磨灭的青春记忆——师生共同劳动,建设学校的场景一下子全都涌现在眼前,不禁令人热泪盈眶……

(李红艳)

蜗居在基础课楼的日子

衣食住行中"住"的问题从古至今一直是人们关注的焦点，唐代著名诗人杜甫就曾写下"安得广厦千万间，大庇天下寒士俱欢颜"的名句。20世纪60年代初我与爱人毕业后被分配到镇江农业机械学院工作，一个学期的时间，200多位师生蜗居在尚未完工的基础课楼，在那小小的方寸之地边工作、边教学、边生活。虽然距今已逾半个世纪，但往日蜗居的种种经历和乐趣至今仍历历在目。

还记得报到那天是1961年9月11日，我们买了每人一元两角的火车票带着行李从南京来到镇江，按分配通知找到位于苏北路（现长江路）的镇江农机学院招待所。板凳还没有坐热，我们就被安排上了一辆大卡车，大卡车在坡连坡、弯接弯的沙石镇澄路（现学府路）上飞驰，一路滚滚沙尘将我们送到后官庄建筑工地，这里就是新生的镇江农机学院所在地。

报到地点是现在江苏大学校本部一区一座平房中仅十几平方米的简陋的办公室，接待的领导是教务处长翁家昌先生。我们被分配的住处分别是：男教职工宿舍在尚未完工的基础课教学楼205室，女教职工宿舍是304室。当年10月份招收的农机、汽拖、机制、内燃机、铸造（后改为排灌）5个专业的224名新生也被安排住进了基础课楼，女同学和女教师同住一室，双层床上铺安排女生住，下铺则是女教师。当时，学校的教学办公室、教室、宿舍都蜗居在刚刚封顶的3层基础课楼里，后来的图书馆、卫生所也都在基础课楼"安过家"。真正是"一楼多用"。

当时的教学和生活条件十分艰苦，大家都记得陈云阁书记常说的话："苦、苦、苦，比不过红军长征两万五。"基础课楼外体工程虽基本完成，但内部安装仍在继续施工，我在讲台上讲课，工人安装窗户上的玻璃，两人各干各的活儿，互不干扰。记得有一次,负责摇上下课铃的小孙睡过了头,大家迟迟听不到下课铃声,下课一问缘由,大家轰然大笑。师生们经常一起参加义务劳动,吃的是井水,走的是泥巴路。没有自来水,卫生间不能使用,晚上各宿舍放一只尿桶。每天早起,值日生的任务就是倒尿桶。秋日里,大家早上洗漱都是在玉带河边进行。那时的玉带河曲曲弯弯从田野中穿过,河水清澈见底,可以细数水中的游鱼。当时大家有一个共同的信念:一切都会好起来的。今天的江苏大学校园楼宇林立,车水马龙,往昔那玉带河水清清、春风甜甜、秋月明亮的生态环境已只能在梦中回味。

20世纪末,为了建造现在的三江楼,基础课楼已被拆毁,了无踪迹,这成为不少师生心中的一大遗憾。那栋不高的红色小楼将永远静静地停驻在大家的记忆中。因为它承载了我们那一代人太多的青春印记,大家在小小的"蜗居"里认真工作,勤奋学习,处处洋溢着团结友爱、勤学上进的气氛,琅琅的读书声和室外鸟鸣声交织在一起,真可谓"风景这边独好"。

(李光久)

挑灯夜战运砖盖楼房

原镇江师范专科学校（全书为行文方便，有时简称镇江师专）创建之初沿用了原丹徒县委的用房和镇江合作干校的校舍，既少又旧，且平房居多，不符合新高校的教学、行政和生活之需。不久，上级批准拨款建一座教学大楼，学生听到这个消息都很高兴，关注着新大学第一个基建项目的进展。原丹徒县委和合作干校两个机构分别位于劳动路（现中山西路）的南、北两侧。新建的教学大楼就规划在路北原合作干校内，在一片开阔地北边的一座小山丘上。

那时，基建经费十分有限，必须千方百计节约工程款，降低造价。于是学校号召学生们参加建校义务劳动，自己动手，建设美好校园。正好学生们也想为学校建设贡献一份力量，大家除了继续修筑校内道路，植树、栽花、种草搞绿化外，又增添了为盖教学大楼运砖的任务。大卡车从远处的砖瓦厂运来砖头，晚上车多砖头多而卸砖工人少，学生们分工协作，有帮着卸砖的，有用绳索、箩筐将砖头抬到指定地段的。近处的砖瓦厂离学校不远，砖头不必用卡车运，有一个班级就足够应付，大量的搬运任务主要在傍晚以后。在施工现场的开阔地上，卡车进进出出，轮番上阵的众多班级的学生两人搭档，多抬快跑，一路哼着劳动号子。场地四周挂着大功率的电灯和探照灯，场面热火朝天。在挑灯夜战的运砖工地上，总能看到校团委书记钱树伟老师的身影，他年轻、活跃、中等身材、非常结实，给人的印象是说干就干、雷厉风行。他一面和学生一起运砖，一面指挥调度。偌大的劳动场面，汽车的喇叭声、劳动号子声，都盖不住他的大嗓门儿，他不断为学生加油鼓劲，又不断提醒学生注意安全、量力而行。

经过大半年时间，教学大楼拔地而起，主楼三层，东西两头各有一个二层楼的耳房。全校所有班级都搬进了大楼里宽敞明

原镇江师范专科学校教学大楼

亮的新教室,各科办公室、实验室、图书馆也搬入了新大楼。同学们的心情特别舒畅,不仅因为学习条件有了改善,更由于大家曾经为此洒下辛勤的汗水。

我们在新教学大楼里上课不足一个学期,毕业前夕,要拍毕业集体照,我们班就选在大楼前合影。适巧大楼东边有两门部队停放的大炮,高高扬起的炮筒也进入了镜头,大家开心地议论,认为寓意很好:"我们是师专的首届毕业生,照片上的大炮预示着我们要为师专打响第一炮!"

原来的师专校园如今是镇江宾馆的所在。当年我们挑灯夜战运砖建造的教学大楼就安详地坐落在宾馆主楼的后面,我久久地注视着它历经半个世纪风雨的身姿,它见证着我们一段回味不尽的青春岁月。

(整理:李红艳)

我在学校做的三件事

1979 年底,陈云阁同志离休,农机部与江苏省委要派领导接替其工作,我当时在镇江地区担任地委副书记、副专员,被委派到学校,担任院党委书记、院长。

当时的学校百废待举,我到学校做的第一件事就是落实知识分子政策,选拔一批科教知识分子到领导岗位,改变当时基本由工农老干部当家的局面。当时校级领导班子 6 个人中 5 个是工农老干部,学校主要职能部门的领导,如院办、教务、科研、图书馆等也都是工农老干部当家。我认为这样的情况不能适应学校教学、科研事业发展的需要,必须改变。当时学校归属农机部,有一批国内知名的农机专家,我就从这些专家中选拔出了一批人到学校领导岗位,再从各系、科选拔学科带头人到系一级的领导岗位;另外,还从毕业班学生中,选拔优秀学生留校担任学生辅导员,这样就基本改变了外行领导内行的局面。

第二件事就是"先安居,再乐业",改善教职工的生活条件。学校 1960 年办学时正是国家三年自然灾害的困难时期,不久"文革"又开始了,教师和学生的生活十分艰苦,靠蔬菜队吃不上蔬菜,靠长江自来水供应不足,靠电厂经常断电,道路泥泞不堪。学校没有大礼堂,教师没有专用食堂和浴室,住宿条件也十分简陋,因此出现了有些教师要求调动的情况。为了改善教职工的生活条件,稳定教职工的情绪,我提出了"先安居,再乐业",表示要当好教职工的后勤部长。1980 年至 1982 年的几年时间中,我下大力气抓改善生活条件。在当时的计划经济时代,基建费和建筑材料都由上级下拨,银行不能贷款。我利用兼任地委副书记、副专员的条件与地委进行协商,为解决教职工的生活困难办实事,先后在学校建起了菜场、煤炭供应站、粮油店等基本生活设施;改造了校园道路,建起了教工食堂、浴室和大礼堂;在自来水厂的帮助下建起了水塔,与电厂协商保证学校用电的供应;建起了教学大楼(现在的外国语学院大楼)、学生宿舍及操场。为了接待来自"亚非拉"国家的专家和留学生,还建起了"专家楼"。到 1982 年,教职工的基本生活条件得到了相当的改善,"先安居,再乐业"的做法也得到了江苏省委和省教委领导的肯定。

第三件事是着手抓学科建设,抓学校发展规划。学校当时专业比较少,分配口径都较窄,农机、内燃机、电机等都是产品类的专业。为了改变这一现状,学校多次召开座谈会,集大家的智慧,讨论该建设什么样的大学,最终提出了建设"多科性的工科大学"的奋斗目标。为实现这一目标,学校开始申办管理类、计算机类、农副产品加工类的专业,新增的专业陆续上马。为了提高办学质量和办学知名度,学校腾出手来重点抓教学,先后建起了一批实验室,引进了一批优秀教师,招生规模也由 1 500 多人扩大到了 3 000 多人,学校的影响力逐步扩大。随着学校办学声誉的提高,1984 年学校由机械工业部批准更名为江苏工学院,这样也就能更好地为国家建设培养人才,也就向"多学科综合性的工科大学"的目标迈进了一大步。

(口述:宋亚欣;整理:任建波)

青年教师在教学实践中茁壮成长

办好一所高等学校,保证较好的教学质量,为国家培养符合社会主义建设需要的高级工程技术人才,其关键在于要培养一支又红又专的、健康的、高水平的师资队伍。作为一所新建的院校,师资队伍的建设更具有紧迫性和长远的战略意义。

1960 年建校时,只有划归我校的原南京工学院农机、汽车拖拉机两个专业的教师 23 人,当年暑期分配来校的大学毕业生 60 人,调进的骨干教师 20 人,共 103 人。随着学院事业的发展,教师队伍不断壮大,教师人数逐年递增。1961 年增至 162 人,1962 年增至 182 人,1963 年增至 211 人,1964 年增至 229 人,1965 年增至 235 人。4 年中教师增长数倍,形势喜人。

我校是在南京工学院农机、汽车拖拉机两个专业的师生基础上筹建的,一开始就有 5 个年级近千名学生的全套教学任务,除专业课外,其余课程均由南京工学院的教师包下来。随着师资队伍的壮大和师资素质的不断提高,聘请南京工学院教师主讲公共课、基础课和技术基础课的比重逐年递减,1961 年下半年降为 66%,1962 年上半年降为 26.4%,1962 年下半年降为 10%。自 1963 年上半年起,绝大部分课程均由我校教师承担。过渡速度之快以及教师工作的勤奋程度令人钦佩。

建校初期教师的来源主要有几个方面:由南京工学院划归我校的专业教师 23 名;1963 年随吉林工业大学排灌机械专业和排灌机械研究室迁来我校的教职工 27 名;自 1960 年秋起,从国内其他大学分配来校的大学毕业生以及从本院毕业生中选留任教的青年教师;从成都电讯工程学院、南京航空学院等高校及其他部门陆续调配、输入的骨干教师和工程技术人员。这是一支年轻的师资队伍。1964 年,在校的 215 名教师中,1959 年—1963 年毕业的青年教师 142 人,占 66%;1953 年—1958 年毕业的教师 43 人，占 20%；1952 年以前毕业的老教师 30 人，仅占 14%。教师职称结构呈金字塔形。正、副教授 5 人，占2.33%；讲师、教员 33 人，占 15.35%；助教及见习助教竟达 177 人，占 82.34%。与欧美地区高校讲师占大头的情况相比较，我们的教师力量是相当薄弱的。可是，我们就是依靠这样一支新生力量，战胜困难，不但完成了全部教学工作，而且以较高的教学质量，于 1978 年跻身于全国重点院校行列。

当时，学校教学工作的主要任务是加强主讲教师特别是青年教师的培养工作，使他们尽快独立自主地开出全部课程，并不断地提高教学质量。我们的基本做法是：火线练兵，边练兵边打仗，使青年教师在教学实践中逐步成长。

（韦祖森）

奋斗足迹

李鹏总理为我校题词

1994 年 5 月 21 日，时任国务院总理李鹏在镇江视察期间，听取了江苏理工大学校长高宗英教授关于学校工作的情况汇报。回京后，李鹏总理欣然命笔，为我校题词："发展教育，振兴农业"。李鹏总理的题词体现了党中央、国务院对教育和农业的高度重视，也是对我校作为工科院校长期为国民经济重要基础——农业服务工作的肯定。我校作为一所以工为主，理工结合，文、理、经、法相配套的综合性大学，多年来，一直坚持为农业服务，为我国农业现代化作出了积极的贡献，同时也形成了大农机学科的特点。

（薛萍）

三个"不要忘掉"

1990 年 11 月 8 日,中共中央顾问委员会委员、原农机部副部长项南一行来江苏工学院指导工作。此前不久(10 月 16 日),正是江苏工学院建校 30 周年之际。项南的到访,为江苏工学院的发展方向和战略定位指明了方向。

1960 年—1990 年,江苏工学院走过了 30 年的历程。三十而立,经过师生 30 年的艰苦创业和不懈努力,学校各项事业逐步发展壮大。30 年来,师生们在杂草丛生的荒坡洼地上白手起家,将学校建设成为楼房林立、道路整齐、环境优美的育人圣地;30 年来,学校从小到大、不断发展,在前进的道路上基本实现了由单科性学院向多科性大学过渡和由以教学为主的一般性院校逐步转变为教学科研型全国重点高校;30 年来,江苏工学院为全国输送了 13 000 余名合格的大学毕业生,取得了近千项科研和技术开发成果,为祖国的现代化建设作出了应有的贡献;30 年来,学校教学质量不断提高、办学实力不断增强,事业生机勃勃、充满活力。

项南听取了院领导同志的汇报,对江苏工学院 30 年来取得

1990 年,项南(右 2)来我校时与校领导座谈

的发展成绩感到欣慰。他在讲话中一再强调，中国是一个农业大国，农业搞不好，国家就不会稳定。中国的农业，没有机械化就不能实现农业现代化，农业不实现现代化，中国也就没有出路。他希望具有农机特色的江苏工学院在发展中，一不要忘掉农业，二不要忘掉农机，三不要忘掉排灌。要特别重视开展节水农业课题的研究，争取为我国的农机现代化作出更大的贡献。

项南的一席话准确地分析了当时的社会形势，指明了学校面临的任务。在"八五"发展的关键时刻，在坚持四项基本原则、坚持社会主义办学方向把德育放在首位的前提下，学校及时把工作重心转移到调整结构、改善条件、优化环境和提高质量上来，切实优化结构，发展办学特色，深化教学改革，全面提高教学质量，加强科学研究和技术开发，搞好师资队伍建设，加强综合治理和文明建设，优化育人环境。

特别是，项南提到的"不要忘掉农业，不要忘掉农机，不要忘掉排灌"这三个"不要忘掉"切实表明，以农机起家、以农机为特色的江苏工学院，在此后的特色凝练和内涵发展上，必须要矢志于中国农业机械化。

（薛萍）

1960 年—1990 年我校教育发展的两个阶段及特点

我校的前身镇江农业机械学院成立于 1960 年,其前 30 年的历史大致可以分为两个阶段:

第一阶段从 1960 年至 1978 年,是艰苦创业并初步建成一所全国重点高等学校的阶段,这个阶段的建校体会有两点。

一是不畏艰苦,迎难而上,发扬拼搏精神赢得胜利。1960 年正值国家困难时期,物资贫乏、经费困难,学校在一片荒丘上白手起家。基建工作从 1960 年 9 月开始,到 1961 年 9 月首批 5 个专业的 252 名新生进校时,学校建成一座三层 3 400 平方米的基础课楼,教师、学生住宿、上课、实验都在这个楼里。生活上的困难也很多:粮食定量供应,伙食不好,每天只有一班汽车去市区;师生们每人一把锹,自己挖土,建运动场;每个班种一块菜地改善伙食。虽然条件艰苦,但是师生们的精神状态都非常好,工作和学习都十分努力。教师的责任心非常强,他们承担着教课、辅导、带实验等多个教学环节,还亲手制作教具。当时,院、处领导多为老干部、老红军,他们身上保持了良好的革命传统。第一任副院长胡扬亲自深入工地,监督施工、抓进度,到 1963 年就建成了 3 座教学楼、1 座行政楼 7 个实验室和 1 个食堂。陈云阁院长与大家同甘共苦,把营养餐留给病号。这些老领导以身作则,对于我校团结进取、勤奋求实优良校风的形成起到了积极的示范作用,这是我校宝贵的无形资产。

二是 1978 年我校以 18 年的校龄与许多名牌老校一起成为国务院公布的第一批 88 所重点高等学校。之所以能够如此,主要是因为两个因素。其一,学校发展战略目标明确,学科特色鲜明。1958 年国家提出“以农业为基础,以工业为主导”的国民经济总方针,毛主席提出了“农业的根本出路在于机械化”,由此成立了农业机械工业部并成立了农机院校。镇江农业机械学院是我国最早成立的 3 个农机院校之一。1964 年我校成立了农机系;1987 年又发展成为农业机械工程分院,成为全国最有影响的农机教学和科研中心,是全国农业专业指导委员会的主任委员单位。其二,有一支实力雄厚的师资队伍和几位行业领军人物。我校师资主要来自国内几所知名老校,有原南京工学院、吉林工业大学、南京农业机械学院等。知名的老教授有内燃机专家戴桂蕊,还有高良润、钱定华等一批 20 世纪 40 年代从美国留学归来的农机、力学专家。他们在全国农机系统有很高的知名度。此类专家当时全国仅 28 位,我校就有 4 位。

这两点经验对今天学校的发展同样意义重大:要把江苏大学办成高水平的大学,就必须有几位知名教授和科学家,同时必须建立两三个独具特色、在全国有领先地位的重点学科。

第二阶段从 1978 年至 1990 年,这是学校锐意改革、提高办学水平,稳步发展、逐步走向成熟的阶段。这一阶段主要是实现了 4 个重大转变:第一是由教学型学校转变为教学科研型学校,在注重提高教学质量的同时,大力开展科研工作,使科研工作有了很大的提高,逐步形成教学、科研两个中心。第二是由学科比较单一的机电类工科学校转变成机、电、管、文相结合的多科性大学。第三是由以培养全日制本科生为主的单一结构转变为研究生、本科生、专科生、留学生等多层次的体系,形成了全日制、夜大、函授同时并存的多渠道、多形式的办学格局。第四是由原来相对封闭的办学体制转变为面向社会、面向世界的开放式办学体制。1980 年开始,我校先后为亚太地区、联合国工业发展组织举办了 10 期农机培训班,培养了来自 34 个国家的 110 名学生。

(口述:郭骅;整理:任建波)

我校走进部省共建新时代

1998年7月1日，国务院颁发《关于调整撤并部门所属学校管理体制的决定》（国发[1998]21号），江苏理工大学根据文件精神，自1998年1月起实行"中央与地方共建，以地方管理为主"的新体制，即由原机械工业部管理正式划转为江苏省管理。

国发[1998]21号文件指出："国务院机构改革中，原机械工业部、煤炭工业部、国内贸易部、中国轻工总会、中国纺织总会、国家建筑材料工业局、中国有色金属工业总公司等9个部门改组或组建为国家经贸委下属的9个国家局。国务院决定，对这些部门所属学校共211所，其中，高等学校93所、成人高等学校72所、中等专业学校和技工学校46所的管理体制进行调整。"

时任江苏省省长郑斯林为此专门致信江苏理工大学，他在信中说："这次高校管理体制调整，是国务院机构改革的重要内容，也是教育改革特别是高教管理体制改革的重大步骤。我省将认真贯彻国务院决定精神，将你校的建设与发展纳入全省经济社会发展以及高教体制改革与布局调整的整体规划，切实加强领导，采取有效措施，积极支持学校的改革与发展。同时希望你校在管理体制调整中做好深入细致的思想工作，确保学校稳定，进一步实施科教兴国、科技兴省战略，加大改革力度，加快发展步伐，为促进全省乃至全国的现代化建设作出新的更大的贡献。"

随后，江苏理工大学委员会、江苏理工大学出台了《关于抓住转制机遇、加快学校"九五"后期建设和发展步伐的若干意见》。该意见指出："管理体制的转变，为我校的建设和发展提供了一次新的历史机遇。因为江苏是经济大省、教育大省和文化大省。保持江苏经济持续、快速、健康地向前发展，切实推进'两个根本转变'，大力实施科教兴省、经济国际化和区域共同发展三大战略，加速经济结构调整，全面实现小康并提前进入现代化,这是全省人民共同的奋斗目标和光荣的历史使命。一流的经济必须有一流的教育和一流的科技作支撑。提高全省领导者素质、有效开发人力资源和培养大量高级专门人才、发展高新技术,这必将成为当前江苏经济和社会发展的关键所在。为此,我们应进一步认清形势、振奋精神,充分利用转制和江苏教育事业又一次快速推进的大好时机,抓住机遇、主动适应、加快发展、再上台阶,大力加快学校建设和发展的步伐,力争为全省经济建设和社会发展作出新的更大的贡献。"

（薛萍）

农业机械化分院在我校

我校农业机械学科历史悠久,是以南京工学院、吉林工业大学、南京农业大学等校有关专业师资、设备为依托逐步发展壮大的。其中,于1970年并入我校的南京农学院农业机械化分院历史悠久,其前身可以追溯到原中央大学农学院(新中国成立后为南京大学农学院)和金陵大学的农业工程系。1952年院系调整时,南京大学农学院与金陵大学农学院合并,成立南京农学院,设置农业机械化系,1958年以这个系为基础扩充为农机化分院。

农机化分院设置"农业生产过程机械化"和"农业电气化"两个专业,具有较强的师资队伍和较完备的实验设备以及图书资料。由于历史原因,农业机械化分院从与镇江农机学院合并,到重新划归南京农业大学,前后经历了14年,在这期间,农业机械化分院在我校可以说是经历了"三部曲"。

合并。1970年9月1日,江苏省革命委员会下发了通知,决定将南京农学院农机化分院与镇江农机学院合并,这意味着农机化分院在"人、财、物"方面成建制转入镇江农机学院。南京农学院是全国最早设立农机化学科的高校之一,多年来培养了大批农业机械化方面的高级专门人才,在国内有较大的影响,著名教授吴起亚、吴相淦也随农机化分院来到镇江农机学院任教。由于搬迁工作任务大、时间紧,分成陆路和水路(长江)两条运输线,日夜兼程,同时进行。当时,农机化分院迁来镇江的教师、工人、干部共有229人,其中教师有120余人,搬到镇江农机学院时,暂住在学生宿舍,所属农业电气化专业和农业生产过程机械化专业(简称农机化专业)的部分专业实验室设备与全部基础课实验设备均暂时堆放在同类实验室里。农机化分院并入后,学院的领导班子也作了相应调整。搬迁工作持续了3个月,到 12 月底,搬迁任务结束,农机化分院的教职员工仍保持原连队建制,大部分人员到学校在宜兴的和桥农场,与镇江农机学院教职员工一起参加农场劳动和锻炼。

发展。"文革"结束前夕,大学尚未恢复正常的招生制度,学院首先开始招收工农兵大学生进行办学,学院在农场的教职员工随之返回镇江校本部,进行办学的准备工作。此后,农机化分院的人员按教研室和机关科室融入镇江农机学院的师资队伍中:原农机化系的两个专业教研室合并为一个教研室,转入农机系;电工类的教师转入电工教研室,从事教学和科研工作;从事基础教学的老师则转入基础课部的有关教研室开展教学与科研工作。此时根据办学的需要,学院原来的系建制变为专业委员会。以原农机化分院农机化系的两个专业教研室的师资为基础,也建立了专业委员会,开办了 1974 届、1975 届两个班以及 1976 届的"社来社去试点"。接下来,根据党的十一届三中全会精神和中央恢复大学招生的决定,结合学校的实际情况,学院把工作重点转移到以教学和科研为中心上来。为了响应国家"用 25 年时间基本实现农业机械现代化"的号召,1980 年 12 月,学院决定设立农业机械化系,1981 年开始正式招生,原先分配到农机系的原农机化分院的农机化专业教师也调回到农机化系从事专业课教学工作。

农机化系成立后,从 1981 年到 1984 年连续招生,开办农机化专业,师资队伍不断扩大,教学科研能力不断加强。同时,除了开办本科专业教育外,还承担江苏省委组织部委托培训农村基层干部的任务,先后开办了人民公社书记/主任干部专科班(三年学制)两届,这两个班的学员毕业后都充实到公社或者工厂担任领导职务,加强了基层干部队伍的力量。

在此期间,随着我国农村经济体制改革的开展,农机化系为了适应这种改革的新形势,开始探索改造不适应的老专业。1985年获得学校领导支持和机械部同意的新专业——设备工程与管理专业,就是在此间酝酿和探索形成的老专业改革的范例,同时也得到新专业师生的一致认同、支持和赞扬,此项改革使老专业焕发出青春,设备工程与管理专业成为现在工业工程专业的前身。

农机化分院农业电气化专业划分到镇江农机学院后,两院电工教研室合并,师资力量得到了壮大,学校从发展的角度出发,于1973年建立"电机电器"专业,同年9月起,每年招收工农兵学员30名。1976年,恢复"农业电气化"专业招生,30名农业电气化专业工农兵学员于1977年2月进校。1977年7月,经江苏省政府批准,学校设立电气工程系。

回迁。 1984年,为了支援南京农业大学建立农业工程学院,经机械工业部、农牧渔业部两部协商并征求我校和南京农业大学意见,决定将我校农业机械化系划归南京农业大学。11月25日,南京农业大学副校长王新群来我校商谈农机化系划归南京农业大学的有关人员、经费、设备、图书资料、交接手续等具体事宜。经协商,农业机械化系原则上按现建制划归南京农业大学,同时根据本人自愿的原则,最终有49名教职员工随农机化系回到南京农业大学,自愿留下的专业课教师则安排进入新成立的设备工程与管理专业工作。在学生培养方面,1981级至1984级农机系在校本科生继续留在江苏工学院学习,其中1981级仍然按照农业机械化专业培养,1982级至1984级学生则转入汽车、拖拉机、设备管理、计算机应用、工业自动化专业继续学习。原由南京农学院农机化分院带来的专业设备和图书资料全部调拨给南京农业大学,1970年以后,由我校添置的农机化设备仪器则酌情支援。至此,"农机化分院"完全剥离出我校,重新回归南京农业大学,并以此为基础成立了南京农业大学工学院。

(韦祖森)

见证我国农业机械高等教育的发展

新中国成立前,我国农业机械高等教育规模很小,招生人数也不多,只有少数几所大学,如南京中央大学、金陵大学等设有农业工程系。新中国成立后,1952 年,全国高等学校院系进行调整,南京农学院等大部分农业院校设立了农业机械化系,还成立了北京农业机械化学院。1955 年又成立了长春汽车拖拉机学院,即吉林工业大学的前身。与此同时,南京工学院等高等工科院校开始设立农业机械设计制造、汽车拖拉机设计制造等专业。1958 年,各地先后成立了一批以农机类专业为重点的工学院,如安徽工学院、洛阳农机学院、内蒙古工学院、武汉工学院等,南京农学院农业机械化系扩建为南京农学院农业机械化分院。

1960 年,为适应农业机械事业发展的需要,经国家计委、教育部和农业机械部批准,以南京工学院的农机、汽车拖拉机两个专业的师资和设备为基础,筹建南京农业机械学院,同年开始招生。1961 年,南京农业机械学院校址迁至镇江,改名为镇江农业机械学院;1963 年,吉林工业大学的排灌机械专业和排灌机械研究室迁入镇江农业机械学院;1970 年,南京农学院农业机械化分院又与镇江农业机械学院合并。随着学校规模的不断扩大,系科、专业逐步增加,学校向多学科方向发展。1982 年,经机械部批准,镇江农业机械学院改名为江苏工学院。1994 年,又更名为江苏理工大学,2001 年,学校与溯源于 1934 年的镇江医学院和创办于 1958 年的镇江师范专科学校合并,成立江苏大学。

当时归属农业机械部领导的院校有 7 所,即安徽工学院、吉林工业大学、洛阳农机学院、内蒙古工学院、北京农业机械化学院、武汉工学院和镇江农业机械学院。地方所属农机院校 4 所。

另外,还有 40 余所农业院校内设有农业机械方面的专业。部属 7 所院校是综合性工科高等学校,其任务是培养实现我国农业现代化所需要的从事农业机械科学研究、设计制造、运用管理等方面的高级工程技术人才。部属高等院校有 29 个专业、15 个研究室(所);教师 3 405 人,其中讲师以上教师 2 012 人;在校学生达 12 000 人,研究生 127 人,他们中的大多数,现已成为我国农机院校、农机科研机构、农机工业生产单位和各级农机管理部门的技术业务骨干。

在充分估价成绩的同时,我们也看到了我国农机高等教育存在的问题。为了使农机高等教育能够培养出德智体全面发展的又红又专的高级技术人才,以适应我国 4 个现代化建设的要求,农机部召开了高等教育工作会议,总结经验,制订调整方针与规划,并应日本京都大学、三重大学等校的正式邀请组织了农机高等教育访日代表团。1981 年 1 月 13 日至 2 月 2 日,我随代表团对日本进行了为期 20 天的友好访问。在日本期间,我们先后访问了京都大学、三重大学、东京大学、东京工业大学、东京电机大学、筑波大学等 6 所大学,其中以京都大学和三重大学为考察重点。此外,还参观了日本农业机械化研究所和一些工厂。通过访问与交流,我们对日本农机高等教育有了进一步的了解;对如何办好我国农机高等教育有所感悟;同时,还获得了一些资料,对我们进行教学、科研和学校管理很有借鉴作用。因此,针对我国农机高等教育中存在的问题,我们参照日本的有益经验提出了几点初步意见:调整合并原有分工过细、过窄而又重复的专业;加强基础知识学习,主要培养和训练学生的能力;大量开展科学研究工作;重视图书馆、实验室和电子计算机中心建设;把思想政治工作放在首位,培养德智体全面发展的人才。

(口述:高良润;整理:任建波)

农机专业的成长轨迹

1955年，我国第一个农业机械设计制造专业在南京工学院诞生。5年后，以农机专业与汽车拖拉机专业为基础筹建了国内第一所农业机械学院，当时称南京农业机械学院，后更名为镇江农业机械学院。我校是全国重点高校之一，农机专业现已成为机械电子工业部的重点学科。本文仅对农机专业（农机、农产品加工工程、农机测试等方面情况）的成长轨迹作一简要回顾。

农业机械设计制造专业自1955年筹建以来拥有6个"第一"：

1956年，聘请了第一位外国农机专家——前苏联罗斯托夫农业机械学院副教授、科学技术副博士尼古拉也夫。

由尼古拉也夫指导建设了我国第一个农机设计制造的研究生班，当时学员有8名：郭骓（曾任我校院长、教授）、冼福生、李崇豪（两位都是我校教授、教研室主任）、邹琳（南京农机化研究所高工）、俞一鸣（江苏省机械厅处长）、韦祖康（在英国）、许广赓（吉林工业大学副教授）、胡志贤。

1961年，我校合编出版了第一部农机机械专业的全国高校试用教材《农业机械理论及设计》，分上、中、下三册，由中国工业出版社出版。

1980年，我校在国内首次为亚太农机网办农机培训班。

我校主编的《农业机械学》（1981年初版）于1986年首次译成日文，在日本出版。该书由日本北海道大学松居胜广教授主译，日本北海道大学出版。

1985年，我国第一位农机博士研究生张际先在我校毕业。

从这6个"第一"已可看到这段轨迹的概貌。目前我校农机专业已成为国内外著名专业。

从 1955 年—1990 年的 35 年可分为 3 个时期：1955 年—1965 年为创建时期；1966 年—1976 年为浩劫时期；1977 年—1990 年为发展时期。

一、创建时期

（一）向前苏联学习

一个专业，是高等院校的一个细胞，它的发展受到当时的政治、经济、社会多方面条件的制约。1955 年，南京工学院创建农机专业之时，正值我国全面向前苏联学习的"一边倒"时期。农机专业筹备组在钱定华、高良润两位教授领导下，采取了"送出去、请进来"的办法筹建专业。于 1955 年秋选派了孙一源（时为讲师）去莫斯科莫洛托夫农业机械化电气化学院（后改名为莫斯科郭略契金农业工程师学院）和罗斯托夫农机学院学习农业机械设计制造专业，1957 年秋孙一源回国，立即编写了《农业机械的理论、构造和计算（上）》讲义，之后他又与教研组同事一起，完成《农业机械的理论、构造和计算（中、下）》讲义，并由尼古拉也夫作序，他在序言中称："《农业机械的理论、构造和计算》讲义由南京工学院和长春汽车拖拉机学院农机教研室全体教师集体编写而成，是中国第一部农机专业讲义。"该书在尼古拉也夫的指导和参加下完成，"创造性地学习、总结苏联先进经验并尽可能地结合中国具体情况，加以应用"。该讲义曾对农机 1954 级（41、42 班，42 班来自长春）学生进行过教学。42 班同学于 1958 年春回长春。

1956 年，南京工学院和长春汽车拖拉机学院同时设置农机专业，高教部聘请了尼古拉也夫副教授来南京工学院指导两个学院的农机专业。两校师生相聚一堂，当时有教师 22 人（正副教授 4 名、讲师 1 名、助教 17 名），研究生班学员 8 名，共同筹建国内第一个农机专业。尼古拉也夫是科学技术副博士，苏共党员，来华后任南京苏联专家组组长，卫国战争期间他曾在苏军中服役，东至平壤，西达柏林，立有战功，二次大战后他进入大学学习，1950 年攻读副博士学位，1953 年毕业。来南京工学院后，他培养了 8 名农机研究生，指导编写农机讲义，筹建了农机实验室。他还做过广泛的农场调查，支持钱定华、王天麟、张江雨和沈林生等人进行的小苗带土铲式插秧机的实验研究。30 余年后，日本大量生产出口的插秧机，其原理与钱定华等人当年提出的原理相同。1957 年 10 月，这台插秧机还参加了在南京召开的第五次全国插秧机现场会议，引起了与会者极大的兴趣，尼古拉也夫参加了这次现场会。1958 年 1 月召开的第一次水田耕耘机会议上，尼古拉也夫作了报告，受到了与会者的欢迎和赞赏。1958 年 6 月底，尼古拉也夫按期回国。在此期间相继从苏联学成归国到我校农机专业的有陈元生、沈齐英、林述银、金中豪，随后还调来高行方，大大充实了本专业的师资力量。

农机专业的筹建工作基本完成，本专业在学习苏联经验的同时，始终没有忘记要与中国的国情相结合、理论与实践相结合、知识分子与工农相结合。

（二）创建适合国情的农业机械专业

1958 年毛主席提出了"农业的根本出路在于机械化"。1959 年农机部成立。1958 年之后，国内一批以农机专业为重点的学院相继成立，如洛阳农机学院、安徽农机学院、武汉农机学院、内蒙古农牧学院等。1950 年以农机专业及汽车拖拉机专业为主筹建南京农机学院，1961 年在镇江建院、招生并定名为镇江农业机械学院。1963 年，吉林工业大学排灌机械专业及 27 名教师并入我校，1970 年，南京农学院农机化分院也与我校合并，1986 年，我校农机化系又迁去南京浦口镇成立南京农业大学农业工程学院，均以农机专业作为重点，努力培养适合中国农机工业发展需要的专门人才。1961 年，农机部成立首届教材编审委员会，宋敏之司长任主任委员，我校钱定华、翁家昌任委员，下设农机、汽拖等教材编审组。原江苏水利厅副厅长、我校主持工作的副院长兼党委副书记胡扬任农机编审组组长，钱定华为副组长。1961 年 8 月在该委员会指导下出版了高等学校农业机械设计制造专业的《农业机械理论及设计》试用教材。该书上册由镇江农机学院农机教研室主编（孙一源负责），中册和下册由吉林工业大学农机教研室主编,上、中、下三册由钱定华总负责并撰写前言。该书是两校教学经验和讲义的总结,其中虽还有前苏联教材的痕迹,但力求反映当时的国际水平,并尽量结合国内生产实际,对以后的专业建设起了良好的推动作用。

这一时期,农机专业师生深入生产实际,参加了多项农机研究、设计课题。如农机1955级于1959年去南机所进行"真刀真枪"的课程设计,是和该所的科研课题相结合的。1960年的毕业设计与更多单位合作,如与西安农机厂合作研制了十三行离心播种机,与南机所合作研制了高效水稻喷雾机,与中国农机科学研究院合作研制蔬菜移栽机,与扬州农机厂研制了自动底盘联合谷物收割机,还与杭州茶研所、南机所研制采茶机。有的课题研制了机样并做了试验,师生们得到了极大的锻炼,提高了自身的农机研究及设计水平。

同一时期内,为提高全国农机专业的教学质量,编写了一系列教学文件,如农机教学大纲(农机部审定印发到全国,各校参照执行)、农机课程设计指导书、农机试验及习题课、农机设计参考资料(图、表、数据等)以及农机专业的毕业设计指导书。

我校还接受了一批来自兄弟院校的进修教师,如洛阳农机学院、山东农机学院、武汉农机学院、沈阳农学院、南京林学院等校均有教师来学习"农机理论及设计"。也派过沈齐英(时为讲师)去洛阳农机学院讲授特种收获机械,反映良好。

(三)逐步形成农机专业的科研方向

1963年1月,农机部下达了以下与农机专业有关的研究课题:水稻插秧机的改进研究与基础理论研究;我国传统农机具的理论研究;水田地区犁耕作业的理论研究;喷雾机工作部件的理论研究。在此基础上,我校结合实际,在以下几个方面逐步形成了多年来一直为之奋斗的研究方向:

其一,土壤耕作机械的基础理论研究,如土壤力学性质、土壤与不同材料间的黏附研究;传统牛犁、轧耙、重黏土对阳城犁壁材料(白口铁)的黏附特性研究;不黏泥材料的力学性质研究;犁体曲面的构成理论,苏南畜力犁的调查,南方水田犁的二轮系列设计等。由我校负责的手扶拖拉机配套铧式犁(栅条式及壁式犁面)的系列设计及田间试验,于1968年通过省级鉴定。

其二,植保机械工作部件的研究,对切向离心喷头、植保机械用泵、空气室等进行了一系列的试验研究,为以后的深入探索打下了基础。

其三,收获机械工作部件的研究,对切割器、筛分部件、农业物料的空气动力特性等进行了一系列的基础研究。

其四,水稻插秧机的研究,对国内已大量使用的广西59－3型手动插秧机作了系统的理论研究,对结构作了改进设计,并在我省推广使用。

其五,农机测试技术的研究从农机工作部件的研究中发现大量的非电量的电测问题,逐步对电阻应变片测力、扭矩测定(集流环)、犁体空间六分力测定原理、线性测力及其静误差分析等进行了研究。

二、浩劫时期

"文化大革命"给全国人民带来了巨大灾难,教育事业更受到了严重的破坏,学校从1966年至1970年停止招生达5年之久,以后工农兵"上、管、改",又极大地挫伤了教师的积极性,教育质量大幅度下降。但我校农机专业的教师们没有停止脚步,继续努力为农机事业的发展作贡献:1972年后进行半工半读试点,为援助桑给巴尔编写教材,进行南方水田犁第二轮系列设计,发展我省的水稻插秧机,特别是在1~6马力的机动插秧机、切割器研究,犁体曲面的基础研究等方面均未停顿,并取得了可喜的成就。"稻麦两用联合收获机切割器的研究"(大、小刀片切割器的性能对比,由吴守一课题组完成)和"倾斜动线形成犁体曲面研究"(由孙一源、杜家瑶课题组完成)获1978年全国科学大会奖。"集流环研究"、"联合收割机切割器研究"还获一机部教育局重大科技成果奖,"多用途金山－150型自走式联合收割机"、"小动力多用底盘"、"电测工程车(田间电测跟试验)"三项又获省科技成果奖。这些都是在严重的政治干扰下,凭借着对祖国农机事业的执著追求,艰苦奋斗的结果。有的还在"文化大革命"的"武斗"中冒着"枪林弹雨"的生命威胁,进行水田犁的系列设计(泉州)。其精神可嘉,事迹十分感人。

三、发展时期

(一)深化教育改革

1976 年粉碎"四人帮"后,高校恢复统一招生的考试制度。1978 年 3 月 18 日至 31 日在北京召开全国科学大会,我校农机专业有两项科研成果获奖。同年,在省科学大会上,孙一源获先进工作者称号。同年我校农机专业招收二年制研究生 10 名。十一届三中全会后拨乱反正,国内形势稳定,为教育、科研事业的大发展创造了一个良好的环境。

1978 年在镇江召开了高等工科院校的农机专业教材会议。1981 年 2 月镇江农业机械学院主编的《农业机械学(上、下)》出版,该书反映了我国农机科研、生产的新成就,也适当介绍了国外的研究成果,具有较高水平。该书 1987 年 11 月的修订版上、下册分别由我校农机专业的桑正中、吴守一主编,内容作了进一步精练,删去了次要的繁琐部分,每章后增加了习题,更适合于教学。1981 年 5 月日本筑波大学江琦春雄教授访华时,对此教材给予了高度评价,1986 年日译本《农业机械学》(第一版)出版。1982 年 12 月 1—6 日,在我校召开了《农机机械学》教学研讨会,有 25 个省、市、自治区的 32 所高校 62 名代表参加。会上既有本书作者的重点章节介绍,又有难点重点的专题讨论,与会者收获巨大,并于会后出版了专辑。1984 年 10 月和 1986 年 10 月先后召开了第二、第三次农机教学研讨会。第三次会议有 30 余位代表参加,主要介绍了计算机在农机教学中的应用,有软盘供应,使农机教学水平更上一层楼。此后不久还出版了与《农机机械学》配套的习题集和实验指导书等,开出了多个有一定水平的农机性能试验。1983 年 6 月和 1984 年 11 月,我校召开了《农机测试技术》教学研讨会和"微机数据处理"学习班(PS-80),分别有 42 人和 52 人参加。农机测试技术班上演示了传感器,进行了现场教学和相关应用技术的交流。在微机数据处理班上,研讨了随机数据处理技术及程序设计,亦有软盘供应,这两个班均得到同行的好评。

1982年上半年我校农机专业举办了"我省农机研究所所长培训班",有40人参加,主要介绍农机科研的新进展,对提高我省农机科研水平起到了良好的推动作用。

1980年以来,我校农机专业受联合国工发组织和亚洲太平洋地区经济社会委员会农机网委托举办了10期农机设计与制造培训班,共有110名来自亚、非、拉及欧洲34个国家和地区的留学生。编写了20余册教材与习题集,得到了联合国工发组织官员的好评,也得到受援国的赞扬。

为适应社会主义建设的需要,从原农机教研室挑选部分骨干力量,相继组建农产品加工工程(1985年)、农业生物环境工程(1988年)及农机测试技术(1978年)研究室或教研室。1981—1988年出版了一批教材和专著。孙一源、余登苑和高行方编著了《农业土壤力学》(1985年),陈震邦编写了《农业机械造型美学》(1986年),赵学笃、陈元生和张守勤编写了《农业物料学》(1987年),李崇豪主编了《农机制造工艺学》(1987年),沈林生主编了《农产品加工机械》(1988年)。

1981年—1982年,吴守一、陈翠英、方如明和李国文等曾去上海农学院讲授《农业机械学》,教学效果甚佳。

1981年11月,我国首批博士、硕士点建立,我校农业机械设计制造专业同时获得硕士、博士授予权,钱定华、高良润两位教授为农机专业的首批博士生导师。钱定华教授不幸于两年后病故,指导农机专业博士、硕士点学科建设的重任落在高良润教授一人身上,高教授为扩大和发展这一学科作出了极大贡献。高良润教授1939年毕业于重庆中央大学机械工程系,1947年获美国明尼苏达大学科学硕士(农业工程)学位。1948年回国,历任中央大学、南京大学副教授,南京工学院教授。先后讲授农业机械、拖拉机设计、农业电气化、焊接学、热处理等20余门课程,知识面甚广。他在植保工程、农产品加工工程方面有较深造诣,特别是在静电喷雾理论研究方面尤为深入,曾发表过一批颇具水平的论文,刊登在国内外著名学术刊物上。高良润教授是美国农业工程师学会(ASAE)会员,曾任我校副院长,现任学院顾问、江苏省农机学会副理事长、江苏省农业工程学会理事、中国农机学会常务理事,担任过全国高等工业学校农机专业教材编审委员会主任委员,目前是全国政协委员、民主同盟中央委员,是我国著名的农机专家、农机教育家和社会活动家。他指导了26名研究生,其中博士研究生10名,涉及农机设计制造、农产品加工工程、农机材料、焊接、排灌机械和拖拉机等宽广领域,还指导了东南大学机械工程系的博士研究生。多年来他积极和一批水平较高的教授、副教授合作,共同指导博士、硕士研究生。这批青年学者的成绩优良,在国内开辟了新的研究方向,有的已达到国际水平。

1978年考入我校农机专业攻读硕士学位的陈钧,于1980年—1986年在日本北海道大学攻读博士学位,导师是池内义则和寺尾日出男两位教授,论文题目是《提高旋耕刀片翻土性能的基础研究》。此后,陈钧在节能旋耕刀地研制上取得了突出的成绩。

我校农机专业在硕士研究生培养上也获得了很大成绩,1980年—1990年共有78名硕士研究生毕业,研究领域十分宽广,从耕作、植保、插秧、收获等田间作业机械,到农产品加工工程中的保鲜、储运,以及较新的"超滤","膨化",谷物、蛋品的电特性、农产品光学特性,谷物流态化分选,流变学等多方面内容,其中有的硕士后来又取得了博士学位,有的项目还获得专利证书。

第三批学位申请时,农机专业增设1名博士生导师桑正中教授(1986年7月),并批准"农产品加工工程"有硕士授予权。第四批学位申请中,增设农产品加工工程博士生导师吴守一教授(1990年)。

(二)科研成果累累

沿着专业创建时的几个科研方向继续前进,在耕作、植保、收获、种子加工与农产品加工工程等方面,均有较大进步和扩展,科研水平不断提高。

1. 耕作机械向农机设计现代化方向发展

常速、高速节能型犁体曲面的设计方法及主参数选择,多途径的节能型旋耕刀片,刀片排列,光学曲面测量,线性力、三分力、空间六分力、扭矩、耕深、耕宽、速度、油耗等室内外的测试系统,动载荷测定,载荷谱编制,"疲劳"、"寿命"的室内模拟试验,以及旋耕机组速度参数的合理选择,微机测定土壤坚实度等方面均取得成果。为此研制了相应的传感器、数据采集处理系统及田间遥测车等,广泛应用计算机进行辅助设计(CAD)、辅助制造(CAM)、辅助试验(CAT)等现代化的农机设计与试验方法,获得国家级科技进步奖 1 项,机械工业部科技成果奖 1 项、三等奖 2 项、四等奖 1 项。为创建我国"农机现代设计和试验技术"新学科作出了较大的贡献。

2. 植保工程向低污染高功效方向发展

在植保用泵、喷头和空气室研究的基础上,发展了粮食用喷雾机,可一机多用,既可喷洒储粮防护液,又可用于仓墙刷白。多年来在静电喷雾的基础理论及测试技术研究上做了大量工作,采用激光测速,静电电量测定带电雾滴的射程、粒度及防治效果试验,不但开发出小型手持式静电超微量喷雾机,也研究了高速、高效的风送静电喷雾机,对防治蝗虫灾较为有效。静电喷雾的基础理论研究,获机械工业部教育局 1986 年科技进步奖,曾在美国农业工程师学会 1986 年冬季年会上宣读,引起美国、德国同行的极大兴趣。

3. 谷物收获机械、种子加工工程正在向新原理方向发展

在收获机切割器及传动系的惯性平衡等研究基础上,还采用高速摄影技术研究脱粒、清洗过程,并开发了鼠笼筛清粮装置,成功地应用于上海Ⅱ型谷物联合收割机上,并获 1984 年上海科技成果三等奖。而后,应用散体动力学,开发了重力清洗机、谷物脉动流化分选机,并获实用新型专利。此外,还利用谷物的电特性,研制了可按生命活力分级的"种子介电子分选

机",获1988年机电部科技进步三等奖。

4. 农产品加工工程开展了富有特色的研究

开创了热流变在果品保鲜储运中的基础理论研究,提出草莓的控制、气调与防震的储运方法;采用溅压保鲜技术,可使蘑菇、水蜜桃、草莓的保鲜期延长1~3倍。开展了红碎茶的力学、电特性研究,研制了红碎茶初制大型成套设备,为出口创汇创造了条件。利用光电特性(吸收、反射、透射、延迟发光等),对蛋品、果品、花生霉变进行无损品质检测,为农产品分级的智能化打下了基础。此处,在膨化食品、超滤技术、食用菌液体深层发酵装置、自动分离豆浆机等方面均开发了一些装备,有的已批量生产。

5. 初步建立了农业生物环境工程研究室

在农业环境控制方面,进行了塑料大棚结构强度的计算与试验,研究了温、光、热、水、气等环境控制系统,该项研究获1987年省科技进步四等奖、镇江市科技进步二等奖。对温室的边界效应、农业环境污染、废弃物处理、农产品的微气候控制等方面也进行了研究。试验过果蔬(芦笋、蘑菇)的保鲜系统,干果、食用菌干制品、鱼肉海鲜干制品和名贵药材等保存储运技术,并研制了相应的装备。

(三)加强国际学术交流活动

1983年,美国宾州大学副教授Mark show夫妇来校讲授农业物料学,为期1年。日本著名教授江崎春雄(1982年9月)、阪井纯(1983年9月)、市川真祐(1985年4月)、伊藤信孝(1986年5月)、伊佐务、田中孝、大下诚一(1990年6月)等来校讲学。1981年1月农机部教育局组织农机高校访日代表团(宋亚欣院长、高良润教授参加),开始与三重大学商谈建立校际合作关系事宜,高良润教授还在京都大学作了题为《中国农业机械化发展概况》的报告。1986年6月三重大学校长井泽道、工学部部长藤诚郁哉、农机工学科主任森邦男教授等一行4人来我校,并签订了两校合作协议。1987年6月,应三重大学邀请,我校郭骅院长、金瑞琪副院长、农机部教育局王文光副局长和孙正和副教授作了回访,使两校合作有了进一步发展,同时参观了日本东京大学、筑波大学等6所大学。美国加利福尼亚大学Davis分校陈必超教授,联邦德国Hohenheim大学A. Stopple教授也曾来校讲学、座谈。荷兰农机代表团一行5人也曾来院访问(1983年6月)。

我校先后派出9位教师出国访问进修。1983年1月至1985年1月孙正和去日本三重大学访问,从事蛋品分级干燥等方面的研究。1984年李国文去意大利作短期访问。1985年1月—12月王要武赴加拿大进修农机测试技术。1986年初,吴守一去日本做短期访问。10月钱启平赴奥地利引进合作开发P1仪。1989年方如明去日本三重大学访问,从事农产品(稻米)的图像处理研究。同年,陈翠英赴澳大利亚Melbourne大学访问,从事人工土的特性研究。1989年4月—8月桑正中应三重大学、日本学术振兴学会理事长之邀,先后2次赴日访问,进行学术交流,参观大学、研究所和工厂,并与九州大学坂井纯合作科研。1990年9月陈元生赴苏联基辅食品工业研究所访问。1980年—1989年我校还派出10名研究生赴日、美等国攻读博士学位。

据不完全统计,1981年—1990年,我校农机专业在国际学术会议及国外著名刊物上发表论文16篇以上。1986年高良润教授赴美参加了美国农业工程师学会召开的冬季国际学术会议,他是代表中国农机学会与中国农业工程学会出席的。会后他还应邀访问了加州大学和母校明尼苏达大学,受到热烈欢迎。他在国际会议和国外发表的论文涉及面甚广,如旋耕机刀片设计、旋耕机组速度选择、农产品加工工程、果品、蛋品的无损检测、米的图像处理、鸡蛋的电特性植物流体力学、挤压机功率计算等。

改革开放以来,我校农机专业加强了对外联系,日本《农业机械学会志》上多次介绍我校和本专业的情况。联合国工发组织等委托我校举办了农机培训班,学员来自第三世界及欧洲多国,扩大了我校农机专业在国际上的影响。1990年8月,陈翠英代表我国参加了联合国经社会亚太地区农机网在常州举办的"亚太地区农机化政策与战略研讨会",在会上作了报告,并受到好评。我校农机专业桑正中教授也应邀参加了此会。

多年来,农机专业的教师队伍有了很大的发展,至1990年,已从1955年的22人(其中近一半是长春汽车拖拉机学院并入的)发展到了58人,其中教授6位(其中3位是博士生导师),副教授13位、讲师和工程师17位,助教及其他人员22位,培养了1 970名本科生。他们大多已成为农机战线的骨干力量,有的还担任了领导职务,如朱彤炜(农机1956级)曾任上海农机研究所所长,金克良(农机1963级)为福建省武夷山市市委书记,朱汉强(农机1977级)为中国农机总公司华东分公司副总经理。

我校农机专业教师梯队比较合理,有较强的事业心和进取精神,在艰苦条件下创建专业,为提高水平作出很大的努力。能团结一致,相互配合,既在同一研究方向上攻关,也在学科的交界处不断寻求生长点,使教学科研向纵向发展,这是一个很好的传统,应该继续保持并发扬光大。

(本文曾经郭骅院长、高良润、桑正中、吴守一、沈林生4位教授、王华冠、孙正和、李国文3位副教授审阅,由孙一源执笔于1990年9月22日。)

实行"主辅修制" 培养复合型人才

为了进一步优化学生的知识结构，拓宽学生的知识视野，培养复合型人才，江苏理工大学不断探索人才培养新模式。1995年，学校开始实行"主辅修制"，共推出工业外贸、计算机及应用、经济法、工业会计、工商管理、工业自动化、汽车和机电一体化8个辅修专业。同年9月，1993级共有250余名本科学生被批准参加辅修，在校内掀起了不小的学习热潮。学校首先开办的是工商管理、工业外贸、会计学和计算机应用4个辅修专业。这4个专业都是学校当时的热门专业，而且也是师资力量、仪器设备相对紧张的专业。学校鼓励那些学习成绩优良、学有余力的学生在学好本专业业务知识的同时，跨学科辅修其他专业。

学校各级领导都把办好辅修专业，造就复合型人才作为深化教学改革，提高培养质量的重要举措。教务处、学工处、工商学院、计算机科学系的领导和同志们克服了种种困难，精心组织教学；承担辅修专业课程教学的老师认真优化教学内容，改进教学方法。在广大师生的共同努力下，139名学生按期完成了辅修专业的学习，达到了预期目标，使我校在人才培养方面迈出了重要的一步。

1997年4月1日，我校首届辅修专业结业典礼在成教楼报告厅举行，139名同学通过一年半的努力学习，顺利完成了辅修专业所规定的学分，获得辅修专业证书，成为我校首届辅修专业毕业生。这些既具有主修专业系统知识，又具备一定辅修专业技能的学生，具有较强的竞争力，在人才市场上受到用人单位的普遍欢迎。1995年—2002年间有1 800余名学生取得了辅修证书，占同期毕业生总数的20%。

（薛萍）

江苏工学院试行"两期"培养制收效良好

为了适应我国社会主义建设及改革开放对高等工科院校人才培养的要求,探索新的历史时期高等工程教育主动适应经济建设和社会发展的办学模式,培养基础扎实、适应面宽、动手能力强,具有较强社会责任感,面向工业生产第一线实际需要的高级工程技术人才,江苏工学院于 1986 年提出了"三结合联合体方式提高本科教育质量"的研究课题,经原机械委教育局、人劳司和教科所批准,由机械制造工程系王华冠副教授领衔,从 1985 级开始试行一种新的大学工科人才培养方式——"两期制、预分配、厂校结合、专业对口培养的"教改试点。

"两期"制的培养方式是把大学本科的学习分为两期进行。第一期为基础阶段,学习基础课和技术基础课,时间为两年半。然后,对学生进行预分配,通过双向选择,由学校、用人单位、学生三方签订预分配协议,安排学生到工厂实习一年。实习期间,学生参加一定时间的生产劳动和技术工作,了解工厂的生产、技

江苏工学院首届"两期"制预分配班毕业总结会

术、产品特点、质量以及存在的问题。根据工厂需要，确定该生今后的工作方向。学生再回校进行第二期专业阶段的学习，选修有关专业课程，学习时间为一年半，其中最后半年为毕业设计。毕业设计要求回到工厂结合生产进行，由厂、校联合指导，共同组织答辩，成绩合格，即可回厂工作。整个学制仍为4年，中间的一年实习相当于把现在大学生毕业后的一年见习期提前。

"两期"制在金属材料及热处理、铸造专业的部分学生中试行，包括1985级的29人、1986级的40人和1987级的40人。从三届学生的试行情况看，"两期"制的培养方式使学生把理论学习与生产实践更紧密地结合起来，优化了他们的知识结构。学生通过预分配，知道企业对自己今后工作的要求，在专业学习阶段，目的和任务明确，学习更加刻苦、勤奋。同时，这样做使学生能较多地接触实际，了解社会，也有利于他们思想素质的提高。接受试点学生的用人单位对这种培养模式给予了高度评价，也受到了学生的热烈欢迎，同时还引起了社会舆论的广泛兴趣。《人民日报》、《光明日报》、《中国教育报》、上海电视台、镇江电视台、镇江人民广播电台等媒体相继对这项改革进行了报道。改革试点的阶段成果获得江苏省高等教育科学研究优秀成果一等奖。

（薛萍）

加强教师职业技能训练
提高师专人才培养质量

镇江师范专科学校是一所以培养中学师资为主的高等师范院校。教师职业技能是每个师范生必备的能力，它直接关系到高师培养目标的实现，关系到中学师资和基础教育的质量，简言之，关系到下一代人的全面素质。因此，学校从20世纪80年代初就克服"重理论、轻实践，重知识、轻能力"的倾向，加强对师范生进行教师职业基本技能训练，提出"宽基础、强能力"的要求，狠抓"三字（毛笔字、钢笔字、粉笔字）一话（普通话）"、班主任工作和教育教学能力的训练，以期培养出具有过硬的熟练的教师职业技能的毕业生。

进入90年代，学校为适应经济、社会、基础教育发展的现状和长远目标，带领广大教职员工进行新的教育观、质量观、人才观的大学习和大讨论，深入研究了未来教师在必须掌握一定的学科知识的同时，还应具备现代意义上的教师职业技能。在统一思想认识的基础上，着力做了以下几方面的工作：

一是全校各系均成立了"教师职业技能训练"领导小组。

二是将全校的教师职业技能训练分为"公用基本技能训练"与"专业基本技能训练"两类，并研究制订了相应的《教师职业技能训练基本要求及考核等级标准》，各系还制订了《教师职业技能训练实施细则》。"师专生教师职业技能训练基本要求和考核等级标准的研究"课题获世行贷款改革课题第一批立项项目。该项目1994年初启动，1997年底通过国家教委师范司组织的鉴定委员会的鉴定，并获江苏省教委"教育教学改革课题优秀成果奖"二等奖。

三是公用基本技能是各专业学生都必须具备的教育教学能力，主要指"三字一话"、班主任工作、开展各项活动、教育手段现代化、公共外语等能力,学校统一训练内容与要求,统一考核标准,由专职人员负责训练。专业基本技能训练是指各系根据本专业自身特点,自己拟订训练内容、方法、途径和要求,由兼职人员(教师、实验教师等)负责训练,课内、课外相结合。如物理教育专业基本技能指的是物理课堂教学技能、物理实验教学技能、物理教具制作技能、物理实验室管理技能、课外科技活动指导技能等。

四是通过校、系两级强化训练,逐步总结出一套"怎么练"的经验,就是所谓的"五化":全程化、系列化、规范化、专业化、整体优化。所有训练内容以一定课时纳入教学计划,并按标准进行考核。

教师职业技能训练是一项实践性、群众性很强的工作,它要求全校师生人人动手、个个参与。各项技能训练的实践活动涉及全校的每位学生,如为全校学生建立的教师职业技能训练档案、全校开展的微型试讲大赛、"三字"的抽测、对各系教师职业技能训练的检查评估等活动,全校所有系、班级和个人都"动"了起来,从而使教师职业技能训练工作渗透到学校的日常活动中去;连团委、学工处、学生会等部门也积极参与,充分体现了训练的广泛性和群众性。

"九五"期间,为培养跨世纪本科学历的初中师资,从1995年起,学校相继招收数学、物理、化学、中文、外语、政教、美术等7个师范专业的本科生,教师职业技能训练注入了新的内涵和活力。具体做法是:

首先,加强文理渗透,大力开设门类齐全的选修课,让学生受到科学和人文素质教育的熏陶。

其次,以校园科技文化活动为载体,积极拓展学生的综合素质。

最后,进一步更新教育观念,深化教育教学改革,加强学科建设和强化教育教学现代化管理,把素质教育和创新能力的培养贯穿在整个课程体系和人才培养的全过程中,以迎接新世纪高师院校人才培养工作所面临的新环境、新机遇和新挑战。

由于学校长期重视教师职业技能训练工作,历年在校生在省、市与职业技能相关(书法、普通话、演讲、美术作品、文艺调演、科技作品展、电脑制作等)竞赛中获奖面大、获奖比例高。培养的毕业生走上工作岗位后,凭借宽厚的专业基础和扎实的教师职业技能,业务能力迅速提高,许多人成为所在学校的业务骨干。在国家、省、市课堂教学评优比赛中,镇江师专的毕业生取得优异成绩的比例较高;不少优秀毕业生还走上了中等教育的领导岗位,学校的人才培养质量得到了社会的普遍肯定和广泛赞许。

(窦教川)

国内最早的植保机械研究与发展

20世纪60年代初,我国植保机械还处在初级的落后阶段,农业上基本采用手动喷雾器和手摇喷粉器防治病虫害。为了适应国民经济增长和农业发展的需要,镇江农业机械学院组织了以农业机械工程系高良润教授和植保机械方向为主的科研梯队,首先研制了雾液分布和雾滴测定试验台,对国产的切向离心喷头进行了系统的试验,并获得了压力药液粘度以及喷头的几何参数对喷头雾化性能的影响数据和曲线。

1977年,国家恢复了高考制度。高校工作逐渐恢复正常后,又在农机实验室试制了植保机械液泵试验台。

为了创制新型机具,1978年科研梯队开始对植保机械的喷头部件和液泵静电喷雾理论及其测试技术、荷电雾滴两相流、荷电微粒两相流、低污染植保工程的基础及应用、流变热力学在果品保鲜中的应用等进行试验研究。课题组把试验研究成果发表在学报上,还将国内外植保机械发展动态和科研成果编译出版了30期《植保机械情报资料》,分送各有关单位参考。其中"静电喷雾理论及其测试技术"、"静电微量喷雾机具研制"和"低污染植物保护工程的基础研究及树木注射机的研制"分别于1986年、1990年和1996年获得机电部的科技进步奖;"荷电微粒两相流的理论、测试及应用研究"和"荷电气固两相流在植保机械中的应用研究"获得了国家教委博士点科研专项基金的资助,并分别于1990年和1994年通过部级鉴定;"群体荷电微粒场与植保机械工程研究"和"荷电两相流理论及应用"获得国家自然科学基金的资助,前者于1994年获得机械部科技进步奖,后者同年通过部级鉴定。这些研究都属于在国际上具有开创性意义的项目,其成果为该领域的发展提供了新的理论依据,引起了国内外学术界的广泛关注。这些成果的应用也显出有巨大的经济效益和社会效益。例如,静电喷雾治虫实验经众多单位的使用和较大面积试验表明,其对草原治蝗和卫生防疫方面有提高功效、节省药剂、减少污染、降低成本的作用,具有较大的经济和社会效益,居国际领先水平。

此外,科研梯队还参与了《机械工程手册》第11卷第65篇"农业机械"第6章"植物保护机械"、《农业机械设计手册》上册第七章和第九章部分章节的编写工作。

（口述：王光亮；整理：薛萍）

我校流体机械学科发展壮大历程

　　排灌机械学科开始筹建是在吉林工业大学,当时由国家科委主任聂荣臻元帅批示,由农业机械部具体实施,在吉林工业大学试办农田水利专业,建立国家排灌机械实验室,并在全国建立排灌机械工厂。当时吉林工业大学汇聚了一批该领域的著名教授,戴桂蕊教授就是著名的排灌专家。三年自然灾害之后,水的问题决定了南方粮食生产的收成情况,因此这一专业比较适合办在南方。农机部根据戴桂蕊教授的意见,决定把这个专业办到南方。当时学院党委书记兼院长陈云阁带队到长春向戴桂蕊教授宣传学校的优势,通过努力,1963 年,戴教授就带领这一专业的老师,包括六级以上工人和一个班的学生 100 多人迁来镇江,创办排灌机械研究室和农田水利机械专业。这一专业发展的首要特点就是紧扣国民经济发展的需要。

　　20 世纪 60 年代初,农业生产打水都要烧油,前苏联又控制石油,当时,以戴桂蕊教授为代表的内燃水泵研究项目的意义就显得十分重大,以至于周总理曾亲自到项目实验现场查看情况,《人民日报》曾发表了题为《排灌机械的大革命》的评论,前苏联、印度、罗马尼亚等很多国家都派科技代表团前来学习内燃水泵技术。1966 年,农业机械部正式下文,由镇江农机学院排灌研究室、浙江机械科学研究所、福建水文泵所联合成立排灌机械研究所。任命江苏省机械厅厅长朱凡为所长、戴桂蕊任副所长,地点选在无锡,后因"文革"开始,此项工作被搁置。

　　20 世纪 70 年代,北方上百个城市都缺水,农业消耗水很大,中央 8 部委提出了开展节水灌溉技术研究的要求。我校将机械优势与在水利部门掌握的节水灌溉技术相结合,成立了全国联合设计组。喷灌泵、喷头设计组集中了全国十几个省市的专家,经过两年左右时间,研制成了中国的 PY1 喷头系列,并在全国推广。1978年,此项目获得国家科技进步二等奖。

20世纪80年代,农村实行家庭联产承包责任制,原来的排灌设备只适合大面积灌溉,因此,学校向农机部建议开发适合于家庭的微型泵,包括微型潜水泵。产品及时投放到市场,受到了农民的欢迎,这个项目获农机部二等奖。80年代后期,农田灌溉机械需求量更大,而且操作方便成为主要诉求。学校向部里请示开发潜水泵,并再次组织全国联合设计开发,将重要工厂的技术人员集中到我校,开发研制干、湿式两个系列的潜水电泵,当时市场上的排灌机械50%都是采用我校研制的潜水电泵。因此,国家将这个项目的归口研究设在我校,当时学校成为全国的研究中心,归口节水灌溉和潜水电泵两个行业,这个项目也获得机械工业部科技进步一等奖。

20世纪90年代初,环境保护提上议事日程,国家开始重视污染问题。学校开始进行既能打清水、又能打含有固体悬浮物污水的无堵塞泵研究,成为我国最早成系列开发无堵塞泵的单位,国家科委把我校作为这项技术的推广中心。90年代后期,国家修建大型水利工程,包括南水北调、引滦入津、太湖治理、东深供水等,需建立大型的泵站,大型水利工程的能源消耗是十分重要的指标。当时以关醒凡教授为代表研究的大型水利工程用泵模型很先进,水利部在我校调研后,集中了一批专家在天津进行同台实验,我校提供的12项水利模型均名列前茅,所以我校的成果在南水北调工程中应用最多。除了实践成果以外,我校在理论研究和专利方面也有很多进展,无堵塞、无过载、无泄漏泵的研究在国内都是领先的。1995年,我校与其他7所高校竞争一个博士点名额,我校因在科技成果和理论研究方面都走在前列,最终申请成功。

几代人紧跟国民经济发展的需要逐步成长,我校排灌机械学科最终成为国家重点学科。

(口述:金树德;整理:任建波)

全国第一个农产品加工工程学科
博士点诞生在我校

1981 年 11 月，我国首批博士、硕士点建立，当时的镇江农业机械学院农业机械设计制造专业同时获得硕士、博士授予权，钱定华、高良润这两位教授为本专业的首批博士生导师。据悉，这个专业硕士点、博士点的获批主要得益于钱定华和高良润两位曾留学海外并在本专业领域有一定学术造诣的教授。学校获批的第二个博士点是内燃机专业，主要也是因为有留学奥地利并取得内燃机博士学位的高宗英和留学罗马尼亚并取得内燃机博士学位的李德桃两位教授。此后十余年，学校一直维持着这两个博士点，没有新的突破。

1986 年 7 月，第三批学位申请时，国务院学位委员会批准我校农产品加工工程硕士学位授予权。1990 年，第四批学位申请时，通过了吴守一教授为农产品加工工程博士生导师，同时申报的增设农产品加工工程博士点的申请被否定，国务院学位委员会希望学校继续建设这个学科点，进一步完善相关条件。

学科建设得到了学校、学院和农机学科的大力支持。为了成功获批农产品加工工程博士点，在此后的时间里，各方面做了大量的工作，进一步强化学科点建设。

首先，强化学术队伍的建设。农产品加工专业创办之初，教研室只有 3 位教师，连一名副教授都没有。他们没有实验室与实验仪器设备，更不可能有现成的可供招生的专业，一切都还是空白。学校首先说服已在农业机械制造领域颇有建树的本院教授吴守一转行领衔农产品加工工程专业学科，担任学科带头人，又从农机学科抽调了一批骨干教师充实该学科，组建农产品加工工程学术梯队；同时学校聘请了美国宾州大学农产品加工工程系专家 Mark show 教授来校指导并讲学；在人力十分紧张的情况下,学校还先后派出骨干教师以访问学者身份到日本、前苏联和意大利等国进行长期或短期的进修、考察。在这个学术梯队里,学科交叉、老中青结合,学术和年龄结构合理,仅教授就有8人,并且各领一个研究方向:他们是动力机械加工研究方向的带头人孙正和、计算机图像处理研究方向的带头人方如明、超临界 CO_2 萃取技术研究方向带头人陈钧、生物发酵罐技术研究方向带头人朱金华、自分离豆浆机技术研究方向带头人陈元生和李国文等。在这里,大家团结合作、愉快工作,享受着吴守一教授所营造的良好学术氛围。大家深深热爱着这个团结和谐的集体,心甘情愿为她的成长辛勤耕作:方如明老师将她从日本学到的图像处理技术移植于农产品的品质检测,开展了多项纵向和横向的研究课题;陈钧老师开拓了在农产品加工行业中开展超临界 CO_2 萃取生物物料有效成分的研究方向,甚至刚动完手术不久就全身心投入工作;孙一源老师退休后仍关注学科发展,不断写出学术专著;朱金华老师为他们研究的"生物反应器"能在全国各地的生产实践中得到广泛应用,一年中至少有半年在外奔波……正是他们,支撑起了学校申报博士点的学术队伍和研究方向。

其次,论证选题的独特性和可发展性,确定正确的研究方向。我国农产品加工长期落后的状况严重制约着以农业为基础的我国国民经济的发展。如何增加农产品的附加值,增加农民收益,对此政府部门已有呼声。课题组成员敏锐地意识到农产品加工这个研究方向是新颖、独特和有发展前景的。再加上学院利用交叉学科的特点,吴守一、陈元生、沈林生3位教授先后作为农机学科博士点的副博导招收了5名农产品加工工程研究方向的博士研究生,已经开始了"农产品无损检测"的试验和研究,有一定的基础条件。同时,学院沿着专业创建时的几个科研方向继续前进,在耕作、植保、农产品加工工程等方面处于国内领先地位。以朱金华老师为主的课题组研制开发的"生物反应器"1992年获北京国际发明博览会铜奖,1993年被国家科委选为国家重点新产品。中科院两位教授对此设备给予了很高的评价并为此题词:"一流人才,一流设备,创一流产品。"并且称赞:

"江苏理工大学生物工程研究所创造出这样的产品,直接为生产服务,同时也培养了人才,这个方向是正确的,值得提倡。"这一产品系列当时已在全国十多个省市推广应用。这一切又为农产品加工工程学科博士点的获批奠定了学科基础。

几经建设,几年发展。距1989年第一次向国务院学位委员会申报博士点4年后,1993年我校终于获批全国首个农产品加工工程博士点。

1993年,我校农产品加工工程学科喜获博士学位授予权庆祝仪式。这是国内该学科第一个博士点

(薛萍)

我校内燃机学科的发展

我校内燃机(动力机械及工程)学科的历史可以追溯到镇江农机学院成立前的 1958 年,当时,南京工学院为了适应国家汽车工业的发展设立了汽车专业,后来归并至镇江农机学院时改为汽车拖拉机专业,学习内容与培养方向为汽车、拖拉机底盘与发动机三者并重。为了加快人才培养,南京工学院将部分农机专业三年级和机械设计专业二年级学生转入汽车拖拉机专业学习。

镇江农机学院成立后,考虑到全国内燃机大行业归口于农业机械部,便着手独立成立内燃机专业并加以重点建设。为了解决师资力量,分别从南京航空航天大学(当时是南京航空专科学校)、天津大学、清华大学和中国科学院动力研究室引进了一批专业教师和应届毕业生。特别是吉林工业大学以戴桂蕊教授为代表的排灌机械专业与研究室迁来镇江后,又为我校内燃机学科增加了一股教学和科研力量。戴教授来镇江后,任镇江农机学院副院长和排灌机械研究室主任,并兼任动力机械工程系主任,因而当时镇江农机学院内燃机学科出现了两个专业,即内燃机和排灌机械专业。"文革"后为避免专业人才培养的重复和减轻学生负担,排灌机械专业改为流体机械专业,其中的内燃机师资划归内燃机教研室,流体机械专业则不再开设内燃机课程。1979 年下半年我与李德桃等相继赴奥地利和罗马尼亚等国进修。1981 年,我作为新中国成立后我国第一个内燃机学科的科学技术博士回国,成为当时学校内燃机学科的带头人之一。

在教材建设方面,学科建设初期多采用从前苏联翻译过来的教材。1978 年,一机部在天津召开高等学校对口专业座谈会以后,我校内燃机学科即成为全国内燃机教材编审委员会副主任委员单位,后改称专业指导委员会。按照专业指导委员会的统一部署,我校承担了《内燃机构造》(主编:谭正三)的编写任务,其他主要专业课程则采用全国统编教材。随着专业改革的深入,从 1999 年起,内燃机专业课程合并为《内燃机学》,我作为主要负责人之一参加了编写工作,该书于 2002 年获全国普通高等学校优秀教材二等奖。

科研方面,我校内燃机学科的科研主要集中在中小功率车用和农用柴油机方面。面广量大的 195 柴油机以及玉林柴油机厂和柳州水轮机厂的 6105 车用柴油机均由我校参与研发。除了进行燃烧室、燃料供给系统与整机匹配等项研究外,我校还参与了"中小功率内燃机产品 CAD"研究,该项课题获机械工业部科技进步一等奖和国家科技进步三等奖。在内燃机节能、排放要求不断严格,内燃机用途日益广泛的今天,我校内燃机学科的研究领域也不断扩展,现在主要的研究方向是车用发动机新能源与节能研究、发动机排放与污染物控制技术、新型内燃机设计、动力机械振动与噪声控制、动力机械测试技术与设备。

国家学位制建立后,我校内燃机学科于 1981 年获得国家首批硕士学位授予权。1984 年经国家教委和国务院学位委员会评议组会议审议通过,我被特批为教授、博士生导师,我校内燃机学科同时获得博士学位授予权。1998 年设立博士后流动站。2003 年被批准为一级学科博士学位授权单位。目前动力机械及工程(内燃机)学科为江苏省重点学科,热能与动力工程(动力机械工程及自动化)专业为江苏省品牌专业,内燃机实验室、汽车发动机排放实验室与车辆实验室构成的江苏大学车辆产品实验室,于 2003 年通过中国实验室国家认可委员会的认可和中国质量论证中心(CQC)认证,成为中国质量论证中心(CQC)和中国汽车认证中心(CAPP)的委托检测实验室。另外,江苏省中小功率内燃机工程研究中心、江苏省生物柴油动力机械应用工程中心、江苏省清洁能源动力机械应用重点实验室也设在我校内燃机学科。

经过近 50 年的努力,我校内燃机学科的规模与水平已在全国内燃机行业和学术界取得了较高的地位,为我国内燃机事业的发展作出了较大贡献。

(口述:高宗英;整理:任建波)

管理专业的创建和发展

"文革"后百废待兴,江苏工学院在新专业建设方面,根据国内管理类人才严重缺乏的状况,先后增设了工业管理工程、设备工程与管理、安全工程、工业财务会计、工业计划统计、工业经济法、计算机及应用、管理信息系统、劳动经济等专业,并在师资、设备、资金等方面集中力量,优先保证新专业建设的需要,走出了一条工管结合的办学道路。

1980 年,中央下达指示,要加强干部教育,实现干部队伍革命化、年轻化、知识化、专业化。为了保证高等和中等专业学校培训在职干部工作的顺利开展,教育部、国家计委、财政部联合发出《关于高等学校、中等专业学校举办干部专修科和干部培训班暂行办法的通知》。1982 年 10 月 22 日,机械工业部批准江苏工学院筹办技工师范和劳动经济专业干部专修科,这成为我校工商管理学院的前身。

当时,学校既没有管理专业的组织结构,也没有专职教师,时任科研处副处长的金中豪教授"临危受命",接受了组建干部培训部的重任。上任前,金中豪也有疑虑,他一边忙于科研处的管理工作,一边还要负责课题、带研究生、上课等,更关键的是,对于能否担当此任,他还有一些顾虑。前来参加干部专修科学习的都是工厂厂长、企业骨干和行政领导,他担心自己管不好这些干部。当时的校领导宋亚欣书记、何奇副书记、郭骅副院长打消了他的顾虑。他们通过分析,认为金中豪是最合适的人选:年龄适合,当时他 52 岁;管理、教学经验丰富;学历高,是 20 世纪 50 年代的大学生,还有过留苏经历;党龄长,在大学时代就已经入党,完全有能力办好劳动经济专业干部专修科。肩负领导的委托,金中豪找到了张效荣老师担任行政工作、姚维华老师担任教务工作,又从机制系转拨了 15 名教师组成了经营管理和生产管理两个教研室,于 1983 年 3 月 1 日正式成立干部培训部,教职工共计 18 人。

由于没有师资,原定的劳动经济专业干部专修科停办,机械工业部复函同意江苏工学院录取 41 名管理工程专修班学员。1983 年初及暑假,经过机械工业部统一的入学考试,第一届学制 2 年的管理工程专修班和机械制造技校师资专修科学员先后正式入学。这批学员分为 4 个班:工干 831 班,冷加工班(2 个班)和热加工班。经过学习后,不少同学回到工作岗位后有了更大的发展,其中孙海云后来担任了江苏省机械厅副厅长、南京禄口机场总指挥,张子云为山东省莱阳动力机械厂厂长,蒋洪大为济南汽车总厂副书记,黄庭来为福建省漳州市工业局副局长。

1984 年,在正常招收机械部委托的 40 名企业管理、120 名技工师范干部培训班的同时,江苏省委组织部也委托我校举办干部专修科工干 841 班(35 人)。在经济法干部专修科 851 班 49 名同学毕业前夕,中国机械工业委员会主任邹家华专门为毕业生题词:"提高管理水平,加强法制工作。"

针对企业会计人员急缺的现状,江苏工学院从 1984 年开始招收 2 个学制为 3 年的会计专科班。1984 年 2 月,管理工程与计算机系成立,与干部培训部一套班子两块牌子。在新的形势下,干部培训部也相应的调整为经济管理和工业管理工程 2 个教研室,增设安全工程教研室、工业财务会计教研室、计划统计教研室、经济法教研室、工业外贸教研室 5 个教研室。虽然我校干部培训工作起步较晚,但是学生培养质量高,在机械工业部的考核中名列第二,这也赢得了部里的信任和认可。1984 年,工业部还委托学校举办了首批厂长培训班,接受江苏地区 29 个企业的 31 名厂长来院培训,后因故未能到齐,实际有 18 名厂长来院报到、学习。同年,经机械工业部批准,江苏工学院建设规模调整为5 000 人,其中工程类、管理类专业各为 2 500 人。

学生规模扩大了,师资的问题成为干部培训工作急需解决的一个重要问题。经过机械工业部批准,学校连续于 1984 年和 1985 年在校内 3 年级以上学生中选拔了一批优秀学生,举办了两届工业管理师资班,有效地解决了师资紧张的状况。这批师资班成员被选派到上海交通大学、西安交通大学、武汉大学、厦门大学等高校进修,不仅学习专业知识,还要了解外校相关专业的课程体系、教学大纲和计划,以便学成后直接回校走上教学岗位。原我校工商学院、财经学院的院长都曾是当时师资班的学员。随着学校培训规模的扩大,机械工业部还专门拨出 70 万元建设干部培训楼单项建筑,建筑面积达到了 3 500m^2。

1985 年 9 月 20 日,管理工程系成立,原管理工程与计算机系分设为管理工程系和计算机系。1988 年 5 月 7 日,在管理工程系的基础上,经国家机械工业委员会批准,管理工程分院成立,增设设备工程与管理教研室。1990 年,我校获批"管理科学与工程"硕士学位授予权。1993 年 2 月 15 日,工商管理学院成立。至此,江苏工学院在工管结合的道路上越走越宽,也为我校现在以工科为特色、多学科协调发展的格局奠定了良好的基础。

(吴奕)

农业电气化专业的创建与发展

我是我国农业电气化专业第二届毕业生,当时的北京农业机械化学院(现中国农业大学农业工程学院)农业电气化系于1958年招收第一届学生,我就读的1959级是第二届。我于1964年毕业,分配至南京农学院农业机械化分院(现南京农业大学农业工程学院)农业电气化专业任教。1970年随校合并至镇江农机学院。当时的镇江农机学院没有电气化专业,只有电工教研室,给全院各专业开设电工课。1976年恢复农业电气化专业招生,招收了最后一批工农兵学员,虽是三年制,但学生素质好,学习勤奋努力,不少同学毕业后都事业有成。现任江苏省委组织部常委副部长的刘国忠就是其中之一,还有不少在江苏省一些市、县任供电局局长或副局长职务。

1977年恢复四年制招生后,农业电气化专业改为工业企业电气化,后又改为工业自动化,再到现在的自动化专业。1977级、1978级的学生都很优秀。现任南京工业大学党委书记王德明、南京工程学院院长孙玉坤都是1977级的毕业生。此外还有许多杰出的校友,如建设部城市建设司副司长张悦,国家教学名师、浙江工业大学软件学院院长王万良,国家自然科学基金学科评审组成员、东南大学教授戴先中,宝钢集团首席科学家、自动化所所长、全国人大代表杜斌,上海交通大学金牌教授、安泰经济管理学院副院长、金融工程研究中心主任、上海市政协常委吴冲锋,河南省十大新闻人物、风神轮胎股份有限公司董事长兼党委书记曹朝阳,南京大地水刀有限公司总经理陈波,等等。

历经35年的变迁,在此过程中农业电气化专业派生出电机电器专业,后改为电气工程专业,再到现在的电气工程及自动化专业。随着学校的发展,电气工程系壮大到电气信息工程学院,又新设了电子信息工程、电子信息科学技术和生物医学工程专业,这些专业都是在原农业电气化专业的基础上发展而来的。

在学校组建计算机系、后来发展为计算机学院的过程中,创始人员中的基干力量也来自于原农业电气化专业。

可以说农业电气化专业犹如一只生蛋的母鸡,是我校发展过程中电类专业发展壮大的母体。虽然自1977级后没有了农业电气化专业的本科生,然而2001年电气学院又应时代发展和学科进步的要求,争取到了农业电气化自动化的博士学位授予权,是我校国家一级重点学科之一。

农业电气化专业历经了半个多世纪的发展、变迁、再发展的过程,如今踏上了一个崭新的台阶。2010年在农业电气化自动化这个国家一级重点学科的平台上,江苏大学又开始招收农业电气化自动化的本科生。

(郎黔山)

电子计算机教研室的成立与发展

1978 年春，学校在基础课部设立电子计算机教研室，主要任务是承担全校算法语言课的教学工作，以及将于 1978 年夏秋进校的电子技术（电子计算机方向）师资班的专业课教学工作。

当时教研室有 6 位教师和随后两年来室工作的教师，他们虽然各有所长，都是计算机专业科班出身，但对电子计算机的了解也仅限于 20 世纪 70 年代复课以来教学、科研工作中和电子计算机的接触，所以要完成上述教学任务是十分艰难的。

教研室的教师们认识到任务的紧迫性，少数教师外出进修，其余的也都积极地利用一切可能的条件，提高自己的业务能力。

当时，DJS-130 计算机系统正在组织培训，接受参加这项工作的教师把这个任务当作提高自己业务能力、熟悉计算机的好机会。DJS-130 计算机系统是国产的以 64 位小规模集成电路为元器件的计算机系统，集成度不高，运行不十分稳定。教师们不仅在苏州计算机厂认真学习，而且在机器到校后认真剖析、研究。出现故障时，尽可能地自行维护，因为解决问题的过程就是深入了解计算机构成的过程。负责软件的教师也在短短的几个月里解剖了 3 万条指令组成的 BASIC 解释程序，从而熟悉了指令系统。当时机械部部属院校计算机专业的专业课教材，基本上是以 DJS-130 机为模型机。通过上述努力，为开设 1978 级的一部分专业课做好了准备。

与此同时，电子计算机教研室还通过数学逻辑、单板机的实验准备创建了教学和硬件实验条件。自己动手、自力更生是当时教研室工作的最大特点。从 DJS-130 计算机系统到后来的 S-09 计算机系统的引进、剖析、运行、维护，都是教师和实验室工作人员自己动手。此外，实验室扩建、改造过程中的布线、安装工作也是教研室人人参与、个个动手完成的。与此同时，教研室还组织了多个讨论班,教师们就某门课程轮流讨论、报告,相互学习,共同提高。教研室虽然年轻,但是充满活力和进取的氛围。

随着1978级教学任务的完成,教研室的业务能力大大提高,并且得到了实践经验。1978级毕业生中有一部分人留校,成为学校计算机教学和科研工作的一支新生力量。

1985年,学校设信息工程系,下辖计算机应用和管理信息系统两个专业,计算机教研室也扩建成相应的专业教研室和研究室,分别承担有关的教学和科研任务。

（查杰民）

创业维艰

——忆创建、提升镇江医学院和医学检验专业的艰辛历程

30 几年前,镇江医学院是一所刚复办不久的地区卫校,行政上归镇江地委和江苏省卫生厅双重领导。学校规模小、条件差、师资弱、经费少、设备缺,甚至连基本的教学设施都不齐备,在中专卫校中办学条件属于中等偏下。面对这种局面,全校师生在党委的领导下,坚持正确的办学方向、狠抓师资队伍建设、狠抓教学质量,团结一心,艰苦奋斗,用"借船出海"、"引凤进巢"和"借鸡生蛋"等办法,创造条件,改变面貌,实现跨越发展。

首先是明确学校的发展方向,确定近期和远期发展目标。当时学校面临两个发展方向:一是继续把学校办成现有卫校还是争取升格为专科乃至提升发展为本科;二是增设什么专业。当时学校确定了先办成医专,再创造条件发展提升为医学院的发展方向。方向一经明确,校党委及时引导各部门、各教研室分阶段确定目标,按目标找差距并制订出赶超的具体措施和办法。学校主动向教育和卫生两个管理部门要任务、争项目,"借船出海"。先后争取到"全国高等医学专科教育座谈会"、"全国高等医学院校暑期高师班工作会议"、全国"医用物理高师班"、"生物化学高师班"、"援桑医疗队外语培训班"和"省市县卫生厅局长进修班"等任务。全校师生员工群策群力、辛勤劳动、热心服务,出色地完成了任务,得到中央、省、市有关领导部门和兄弟院校的好评,扩大了学校的影响。同时,办学经费也得到了补充,设备得到了增添,师资得到了提高。在专业问题上,当时有一些不同意见和看法。有提议增设中医的,有主张增开药学的,有提出开设临床检验的。最后,经过全院上下的广泛讨论,最终认为,我校系省属学校,招生对象在省内,省内招生、省内分配,规模不能过大,专业设置也应从省内实际出发。当时,临床检验专

业培养大专以上高级检验师,在国内医学教育史上还是空白,省内尚无一所院校设有该专业,国内只有在卫校内设有检验(中专)专业,培养中级化验员。科技的发展和社会的需求迫切需要高级临床检验人才。我校有办中专检验的历史和经验,现有医学专业的许多课程设置与检验专业课程要求大部分是接近的,可以互补。经过需求与可能、当前与长远、利与弊的多方反复论证和比较,大家认为增设临床检验专业非常合适。于是,以医学为基础、检验为特色的办院方向得到了确立。专业方向一经确立,学校就组织教务处和检验专业 8 个相关教研室的主任一行 10 人,北上张家口、北京、天津,南到福建、浙江等地到曾经设有中专检验和相近专业的兄弟院校调研、取经。回来后,拟订出我校临床三年制专科教学计划。1980 年暑假,我们招收了第一届三年制大专临床检验班。

第二,把抓好师资队伍建设作为办好学校的要务。学校创办初期只有 83 名教师,其中有 3 名讲师,其余都是一般教员,本科及以上学历的仅 39 人。面对如此薄弱的师资队伍,学校打破常规,采取了系列措施:一是礼贤下士,广招人才,在全国范围内"引凤进巢",大力引进骨干教师。所谓"骨干教师",就是政治条件较好,身体健康,具有大学本科以上学历,有讲师以上中高级职称,掌握一门以上外语,有一定科研能力和 3 年以上大专教学经验的教师。按此标准,我们通过各种渠道,在全国范围内广罗人才。只要有这样的人才信息,我们就抓住机遇,利用镇江的区位优势,登门拜访,耐心做领导部门、单位和本人的工作。我们在升格前后,先后从内蒙古医学院、吉林医科大学、北京医学院等高等院校以及省内南京、苏州、徐州诸兄弟院校引进刘恭植、陈家政等骨干教师近 40 人,这批骨干教师不仅都师出名门(大都是从国内名牌学校毕业),而且都已具有中、高级职称,有较丰富的教学经验和科研能力,基本都已达到或超过了预定的"骨干教师"标准。他们为学校的发展和升格发挥了积极的作用,尤其是刘恭植教授,对临床检验专业的发展和该专业师资队伍的建设,起到了举足轻重的作用。二是请进来,派出去,用

"借鸡生蛋"的办法,提高青年教师水平。学校开办之初,通过请外校的学科带头人来校讲学、上课、办师资班,让学校的青年教师跟班听课,进行"孵化"。三是送青年教师到其他高校去进修、读研究生。在创建至升格期间,我们还利用业余时间和节假日,先后举办援桑英语班、英语口语班、日语班等外语普及和提高班,使青年教师的外语水平得到普遍提高。到1984年学校升格前,全校在职专任教学人员增至160人,比1977年时翻了一番;具有中、高级职称的教师72人,研究生4人,新补充大专以上学历的助教77人;教辅人员中有技师和主管技师27人。师资数量有了明显增加,质量有了质的飞跃,队伍结构发生了显著变化,师资队伍建设取得了显著的成绩。每个重点教研室和专业学科教研室,都达到了教育部要求的有2名以上骨干教师的标准,这也是我校通过教育、卫生两部门升格验收的过硬指标之一。

第三,以教学为中心,不断提高教学质量。当时学校采取了各教研室确立本门课完整的教学法文件,院系两级确立定期和不定期抽查听课制度,每月一次教学质量反馈座谈会,每半年一次生产实习检查制度,不定期举行教学观摩示范性教学活动等措施。多项教学制度的建立和实施,为教学诸环节的长效管理和教学质量的不断提高提供了切实保障。

正是由于坚持正确的办学方向,牢固树立办学理念,在全校师生员工的努力奋斗下,学校在1980年升格为镇江医学专科学校,4年后的1984年6月1日,经教育部、卫生部两部门联合验收合格,经国务院正式批准,升格为镇江医学院。

(口述:汪涵;整理:任建波)

成如容易却艰辛

——我校率先创办医疗保险专业纪实

1994年,国家体改委、财政部、劳动部、卫生部等遵照党的十四届三中全会的要求,在总结各地改革经验和借鉴国外有益经验的基础上,制定了《关于城镇医疗保险制度改革试点意见》,并首先选择了江苏省镇江市和江西省九江市作为试点城市,并于1995年1月开始实施新的医疗保险改革试点方案。国务委员彭珮云来镇江专题考察医疗保险改革工作。

在这样的背景下,医疗保险专业人才的培养得到了教育界、医疗卫生界的广泛关注与重视。1995年春,镇江医学院院长陆福履在一次参加会议时遇到江苏省卫生厅和镇江市卫生局的领导,他们强烈建议学校创办医疗保险专业,时任江苏省教育厅厅长的葛锁网同志也提出要尽快创办医疗保险专业。当天陆院长将相关领导的意见转达给学校教务处的周绿林同志,周绿林当即意识到这是一个非常难得的机会,当晚他便迅速制订了该专业的教学计划。第二天,陆院长拿着教学计划找到葛锁网同志,葛锁网同志明确表态,这个专业是我国医疗保险改革急需的,可以特事特办。第三天,学校便将创办医疗保险专业的报告递交给省教育厅,省教育厅很快回复,同意镇江医学院创办这一专业,并要求我校医疗保险专业1995年9月开始招收大专生,1996年招收本科生。

当时国内还没有医疗保险专业的毕业生,只有湖北省十堰市郧阳医学院自1993年起招收医疗保险专业的大专生。镇江医学院创办这一专业,师资来源是一个大问题。学校决定因地制宜,从实际出发解决师资问题。思路一拓宽,眼界便开阔了。学校从当时的社会科学部抽调管理类教师充实专业教师队伍,如李君荣老师就承担了卫生统计课程的教学;此外,还从镇江市医疗保险中心聘请兼职教师来任教。这样一来,教师队伍便能基本满足需要。特别值得一提的是,当时镇江市医疗保险中心非常支持学校的办学工作,一批有实战经验且极具理论功底的一线专家踊跃参与教学工作。当时的镇江市医保局局长蔡文俊除了亲自承担了大量的授课任务外,还要求医保局各职能科室的干部积极参与教学。此后,镇江市医保局历任局长都担纲我校医疗保险专业的任课教师,这已成了一个惯例,沿袭至今。当时的省卫生厅医保处处长沈焕根也非常支持学校的办学工作,多次在会上要求其他城市为我校医疗保险专业学生提供实习岗位,并亲自力荐毕业生。医疗保险专业是一个政策性、应用性极强的专业,当年师资的匮乏反而使得学校更加坚定了开放办学、面向社会办学、紧密结合医保改革实际办学的办学理念,这一做法持续至今。

1996年,国内首批医疗保险专业大专生自湖北郧阳医学院毕业,其中的一位优秀毕业生詹长春被我校聘任来医疗保险专业任教。在被学校派到上海医科大学进修半年后,他于1997年起正式在镇江医学院任教。

为了不断提升办学质量与效果,无论是1995年至2001年镇江医学院时期,还是2001年至今,医疗保险专业都坚持依靠社会办学,邀请了一大批国内知名专家前来为本、专科学生授课。学校聘请原卫生部政策法规司司长蔡仁华担任医疗保险专业的兼职教授,后来还请他担任全国医疗保险教育专业委员会会长。我校周绿林教授已成为全国医疗保险学界的权威学者,出任全国医疗保险教育专业委员会常务副会长。

正是由于我校在全国率先创办医疗保险本科专业,并在国家、省、市相关主管部门的大力支持与帮助下,不断提升教学质量,不断拓展科研深度与广度,加之所处的镇江市作为全国医疗保险改革的试点城市这一特殊背景,我校的医疗保险专业在全国的影响力与地位都得到了广泛认可,一批知名学者也迅速成长起来。现在我校的医疗保险专业已经从当初招收专科生、本科生发展到可以招收博士生,专业影响力在国内也首屈一指,当年的第一届毕业生也已经成长为省内医疗保险行业的骨干力量。

　　成如容易却艰辛,回望来时路,无数困难与挑战已在脚下,而辉煌与掌声正在铺展。

(朱玲萍)

一次跨学科研究的胜利

1978 年，从北京传来喜讯：我校承担的"倾斜动线形成犁体曲面的研究"课题获得了全国科学大会奖。在举国上下迎来科学春天的时刻，这一喜讯极大地鼓舞了全校师生，特别是课题组全体成员。

我校是从事农业机械教学和研究的重点院校。犁是重要的农业机械，在当时的教学内容和科学研究方面占有重要地位。我们一直沿用苏联的水平动线设计原理从事教学和研究工作。实践表明，这种设计原理很难指导我国大量应用的水田通用犁的设计。能否打破这种传统的设计理论，这是我校孙一源、朱金华老师一直思考的问题，他们决心打破这种传统设计方法的束缚，并向农业机械部申请了"倾斜动线形成犁体曲面的研究"课题。农业机械部对此大力支持，并下拨 3 万元的研究经费。

犁体曲面看似简单，但要达到耕作阻力小、翻土质量好的效果，并不是一件容易的事。它与土壤特性、耕作速度、曲面形状密切相关，必须找出它们之间的内在联系，才能设计出性能优良的犁体曲面。他们决定在全国范围内寻找合作伙伴，开展跨学科的大协作，并且很快得到了贵州省山地农业机械研究所所长杜家瑶高级工程师、中国科学院应用教学研究所副所长秦元勋教授、云南大学数学系邹举、王国栋老师、贵州〇一一基地飞机设计所李振刚工程师、太仓农机二厂蒋锡琦工程师的积极响应，他们共同组成了跨省市、跨学科的研究小组。我校孙一源和朱金华两位老师负责组织、协调，使各学科的研究人员建立了共同语言，充分发挥各学科的专长：数学专业的老师建立曲面的数学模型；计算机专业的老师将数学模型通过计算机研究出曲面设计方法；工厂的同志进行曲面制造；课题组全体同志参加样机的田间试验，进行研究、设计和改进。经过 3 年的共同努力，终于圆满地完成了课题任务。

　　"倾斜动线形成犁体曲面的研究"课题成果的取得是课题组全体成员淡泊名利、精诚协作的成果,这在我国农业机械史上具有开创性意义。今天,科学技术在飞速发展,我国正在建设科技强国,开展跨学科的科研大协作是时代的要求,"倾斜动线形成犁体曲面的研究"课题创导的协作方法和协作精神给我们留下了宝贵财富。

(吴奕)

根据农业生产需求搞科研

——联合收割机切割器标准诞生记

　　收获机械中联合收割机的广泛应用,是推进农业机械化的重要内容。20 世纪 70 年代初,稻麦两用联合收割机切割器的规格不统一,没有标准化。日本进口的收割机使用小刀片,美国进口的机器使用大刀片,国内厂家自己开发的机器用的是中号刀片。刀片是易磨损件,全国的需求量大,每年要消耗几百万片。如何提出一个科学的依据,使用统一规格的刀片,实现规范化生产,成为亟待解决的重点课题。当时,农机部将刀片生产实现标准化的课题交给了我校。

　　接下这个课题后,两个难点摆在了我们面前:首先,每年的收获季节是固定的,在很短的收获时间中根本无法完成实验,另外田里都是烂泥,无法完成实时数据观测。现实情况是只能在实验室模拟收割现场进行实验。为了课题研究,在当时极其艰苦的条件下,学校建起了在全国首创的实验台架,模拟收割现场,解决了季节性的问题。其次,稻麦切割过程的操作速度很快,肉眼根本来不及观察。当时还没有摄像机,我们找来学校仅有的一台从苏联进口的、使用 8 毫米胶卷的高速胶片摄影机,对切割过程进行高速拍摄,然后进行慢放以获得数据,从而解决了眼睛来不及观察的问题。

　　但是,这台摄影机使用过程中存在一个大问题,就是胶片的冲印,拍摄几秒钟就要用很长胶卷。当时拍摄的第一个胶卷是 500 米长,我们不会冲洗,只能到上海冲洗,费用很高。能有这台机器就已经很不容易了,还要花费很大的冲洗费用,这显然不合适。因此,必须要学会自己冲洗,所以我们在实验室搭建起了一间简单的小暗房。这么长的胶卷如何冲洗? 经过实践,我们采用了鼠笼法:利用有机玻璃的抗腐蚀性,将其切割成条,中间立中轴,将胶片绕在有机玻璃轴上再进行显影。经过无数次实验,摸索到了照度、曝光时间的规律,终于冲洗出了能够放映的胶片。经过两三年的试验,实验室得到了大量的数据,我们再对数据进行判读,获得了科学依据。在全国农机会议上,我们用影片和数据告诉大家研究结果,并进行公开讨论,获得了农机部专家的好评,最后确定了收割机切割器统一的规格标准。同时,高速摄影也成为"文革"后我校第一个开发应用的技术,后来,此项技术在热能学科拍摄内燃机的燃烧过程和排灌机械学科获取研究数据中都发挥了作用。

　　课题结束后,我将实验资料作了详细的整理,发表在《农业机械学报》上。联合收割机切割器研究项目解决了国家农业生产迫切需要解决的问题,并在1978年的全国科学技术大会上获了奖。

(口述:吴守一;整理:任建波)

产学研结硕果　校企合作得"双赢"

——我校研发的迷你型农村家用客货两用车市场走俏

一种农用运输车居然被 999 对新人作为婚礼的主车,在大都市上海举行的盛大"玫瑰婚典"上使用。这种外形漂亮且实用的微型农村家庭客货两用车,是江苏大学"系列农村运输车辆产品研制开发及产业化项目"课题组开发、南京金蛙集团产业化后的成果之一。该系列车在国内农用车型中处于领先水平,项目获得了中国机械工业联合技术进步一等奖。

这一成果是由在国内汽车和农机方面科研实力较强的我校汽车学院和南京金蛙集团共同承担的,江苏省计经委、教委下达的江苏省产学研项目。在市场调研的基础上,课题组不断改善金蛙牌 JW2003CX 厢式农用运输车的性能,生产和销售了 1 000 多辆该型号的农用运输车。此外,1998 年,产学研项目组还开发了下述 6 种型号金蛙牌农用运输车:7YPJ-950 Ⅲ 三轮农用运输车,JW1205,JW1205-Ⅱ,JW1205C-Ⅱ,JW1203CX 和 JW1605 四轮农用运输车。这 6 个品种的农用运输车于 1998 年底通过了国家机械工业局和江苏省机械工业厅主持,公安部、江苏省公安厅、省经计委、省教委及同行专家参加的鉴定。与会专家一致认为:这 6 个品种的农用运输车的市场定位准确,技术路线合理,丰富了行业的品种构成;这 6 个品种的农用运输车的外形美观、布置合理、结构紧凑、操作方便,在技术上具有一定的特色和先进性;在三轮农用运输车基础上开发的四轮农用运输车进一步提高了整车的性能,采用了 2P85 双缸柴油机代替单缸柴油机,在改善振动、平顺性方面取得了明显的进步,在行业中达到领先水平;JW1203CX 厢式货车为农村提供了一种非常实用的新型车,填补了国内空白。"系列农村运输车辆产品研制开发及产业化项目"课题组,先后进行了 100 多项技术革新,南京金蛙集团为生产以上 6 种农用运输车投入 50 万元,但产生的直接和间接经济效益却相当可观。若年生产 8 万辆,按销售价格 1.25 万元人民币/辆计算,可增加产值 10 亿元。

在江苏大学与南京金蛙集团共同承担的"微型农村客货两用车的研制开发"项目中,课题组共开发、应用了 12 项专利,其中"农用车联体驱动桥"的国家专利获得了中国设计奖,被农用车行业广泛应用,促进了行业进步。一个包含 6 种新车型的总研究项目"系列农村运输车辆产品及产业化"浮出水面。项目成果投入市场后,1999 年销量即达 47.28 万辆,年新增产值 10.5 亿元,新增利税 525 万元,产生了巨大的经济和社会效益。

合作的结果是"双赢"的,项目组依靠科研创收投入科研基金 350 余万元,该学科也形成了一支以博士生导师和年轻人为主的充满活力的科研群体。而南京金蛙集团也从 1982 年创业时职工 40 余人、产值 40 万元的规模,发展为现在职工 4 000 人、年产值 35 亿元的全国最大的农用车生产企业。

(薛萍)

千淘万漉虽辛苦　吹尽黄沙始到金

——江苏并殖吸虫发现纪实

　　肺吸虫是一种寄生虫,学名为并殖吸虫,有 30 种左右,分布于亚、非、拉地区的许多国家。肺吸虫的成虫寄生于人及哺乳动物的肺、脏等脏器,引起肺吸虫病,危害甚重;幼虫寄生于某些淡水螺及淡水蟹、虾的体内。1930 年,应元岳先生首先在浙江省绍兴县兰亭发现我国卫氏肺吸虫病流行区,引起人们的重视。此后,很多省、市陆续发现了多种肺吸虫和肺吸虫病流行区。毗邻我省(江苏省,下同)的浙江、安徽、上海等也都有发现,而我省一直没有肺吸虫及肺吸虫病人的报导。

　　1963 年,我校曹公柱老师与同教研室(镇江医学院寄生虫学教研室)的刘济民老师到宜兴县太华公社山区,无意中看见水溪中有淡水螺和淡水蟹,他们敏锐地感到当地可能有肺吸虫和肺吸虫病人,但因教学任务繁忙及随后的“文革”、“下放”等而未能开展研究。1977 年秋,曹公柱与同教研室的柴顺根老师专程到宜兴县医院及太华公社作了初步调查。查知当地淡水蟹为长江华溪蟹,分布较广,但宜兴县尚无肺吸病的记载。他们决定次年作进一步调查,并制订了调查计划,作了一些资料及物质准备。1978 年他们又联合了南京医学院同行,在当时镇江地区,宜兴、溧阳两县卫生防疫站以及太华、湖父、横涧等公社的支持下,对 3 个公社山区的 30 个大队肺吸虫中间宿主(螺、蟹)的种类、分布、密度及肺吸虫幼虫感染等情况作了调查。进行调查的第一天(1978 年 5 月 29 日)便在湖父的溪蟹内查见了肺吸虫囊蚴,这是我省首次发现肺吸虫。以后用解剖显微镜共检查了 3 个公社的 5 555 只溪蟹,费时一个月,又在一些地方发现了肺吸虫囊蚴,而以太华公社北川大队溪蟹的感染率为最高。

　　随后便转入对北川大队人群感染肺吸虫情况的调查。对该队 900 多人口作了详细的个案书面调查。得知那里大多数孩子都喜欢到溪沟中玩耍,常捉溪蟹生吃,很多人都曾有过典型的肺吸虫病症状,如发热、咳嗽、咳痰、痰中带血、腹痛、皮下游走性包块、头疼、失语、失明、抽筋、嗜酸性白细胞增多等,之前大多被诊断为结核病,北川村因此成为当地有名的"结核窝",行人都不愿经过这个村庄。三队 20 岁的青年王祥兰七八岁时因发热、咳嗽、皮下游走性包块,被诊断为肺结核,以后年年咳嗽、吐血,不能上学,不能当兵和劳动,不能探亲访友。年年吃药、打针、住院,不知用了多少钱,但都无效果。1978 年 6 月 21 日,我们在王祥兰的痰内查到了肺吸虫卵,并确诊其患有肺吸虫病。这是我省发现的第一例本地感染的肺吸虫病患者。同时,自北川大队 692 人的 875 份痰液和 172 人的 875 份粪便标本中查出 34 例肺吸虫卵阳性,以后又查得 30 余例虫卵阳性者。

除查虫卵外,南京医学院沈一平讲师拿来肺吸虫病皮试抗原,对 815 人做了皮内试验,呈阳性反应者 210 人,阳性率竟高达 25.7%。用当地肺吸虫囊蚴人工感染两只家犬,获得卫氏并殖吸虫成虫。还查到卫氏并殖吸虫自然感染的家猫一只,解剖后从猫肺内得 16 只卫氏并殖吸虫成虫,另有一只家犬的粪中也查见肺吸虫卵,但未能剖检虫种。

上述调查结果表明,北川大队为我省首次发现的肺吸虫病流行区,病原为卫氏并殖吸虫,第二中间宿主为长江华溪蟹有自然感染的动物宿主。病人多为儿童和青壮年,因生吃溪沟中的溪蟹而感染。

这一调查结果引起各级卫生部门的重视,1979 年 2 月成立了镇江地区肺吸虫病防治科研协作组,开展防治工作;同年 5 月,又受省卫生局委托,在宜兴县防疫站举办了肺吸虫病防治学习班,培训镇江、南京、扬州的防治人员;从地区医院和宜兴县医院调集医师,分批集中治疗查出的 120 多名病人。另外,肺吸虫病的病原学,X 光诊断学,血清诊断学,别丁、吡喹酮等药物治疗,药物杀灭放逸短沟蜷等研究和防治工作相继展开。

集中治疗的120多名病人大多恢复了健康,经过宣传教育,人人都再不吃生溪蟹,镇江医学院寄生虫学教研室对北川大队进行了连续8年的追踪调查,那里的溪蟹感染率几降为零,北川村再无新感染的肺吸虫病人,摘掉了"结核窝"的帽子。

此项成果使镇江医学院与南京医学院并获江苏省1978年度科技成果四等奖。

(曹公柱)

在国际学术大会上分享祖国和我校的荣誉

20 世纪中叶西欧工业国组建了材料热处理学会,每 1~2 年进行一次大会交流,主旨是理论研究要服务于生产,美、日等国当时都加入了学会。前苏联当时号召东欧社会主义国家另外组建金属学会,这样就形成了东欧、西欧两个名称不同、研究内容相同的学会,分别进行学术活动的局面。后由波兰开明教授发起,经过双方同仁的常年联系和斡旋,最终在西方国家召开18 届大会之后,组成国际热处理联合会,在华沙召开该联合会首届大会,并决定每隔 4 年召开一届大会,由东欧、西欧轮流主持大会,另设若干专项技术委员会,休会期间各专委执行分管工作,每年组织小会交流,制订计划并汇报执行情况。我国时值改革开放之初,因而被邀入会,并当选为理事国,我曾先后三次出席大会。

在第二届国际热处理联合会理事国会议上,我国的热处理研究成果引起了联合会的关注,由此联合会第三届会议邀请中国参加,此次会议在中国上海召开,我参加了会议。第四届会议在西柏林召开,我作为国家代表团成员参会,受到大会组委会的热情接待。此届大会会前,我主持了首日论文讨论会,并在大会上宣读了《流态床冷却特性及其在钢铁铝合金淬火中的应用》的研究成果。此届大会宣读论文 61 篇,其中我国有 11 篇。

周汝霖(右)在国际会议上

我不禁感慨：要不是今日祖国之强大，我怎能坐在这里倾听同胞接二连三地上台宣读自己的研究成果！第六届芝加哥大会聚集了全球热处理、轻金属表面处理、冶金、能源、世界材料大会的200多个小会，美国金属学会、世界有关仪器设备生产单位的专家学者、高级技术人员共11 876人参加会议，在这届规模空前的大会上，共宣读论文67篇，其中我国有15篇，大会的15个委员中，我国占3席，我是淬火冷却技术专项委员会委员。在各专委分组活动中，我发表了《我国近年淬火冷却技术的主要成就》的译文，介绍了经我主持鉴定、在世界首创的淬火冷速双光束激光测定仪，否定了西方盛行的磁场淬火无用论，并介绍了由我首创的"流态床淬火和不同浓度氯化钙水溶液在淬火中应用"研究成果。我应用高速电影机拍摄的淬火过程中气泡形态的变化规律对淬火效果影响的做法，引起与会者的浓厚兴趣，委员会主席将其作为当年文件分发给各会员国。当时热处理联合会国际统一名词专项委员会在原来英、法、德、俄4国官方文字的基础上又加入了中文，会后美方邀我加入美国金属学会。

我国第四届全国热处理大会经国务院批准，接受全球同行参与，要求所送论文限用英文，因此必须实现同声翻译。当时48个理事中，高校有13个，但没有哪个学校能独自承担同声翻译任务，我大胆建议由我校负责。经校领导批准后，组织了以我系研究生为主、其他系协助的翻译队伍。经过一段时间的培训，我们顺利完成了任务。与会者对一个学校能够独自承担全会翻译工作都表示钦佩，联合会秘书长在闭幕式上对此给予表扬，后又请机械部再次转达对我校的表扬和致谢。

参加国际学术大会并受到国际同行以及各地侨胞的礼遇，让我深深地感受到了祖国飞速崛起对世界新形势产生的重大影响和我校逐步扬名海外的自豪感。

（周汝霖）

我的科研工作回忆

我这一生,大部分时间在进行涡流室式柴油机燃烧过程(含低温启动过程)和燃烧系统的研究。前后约 40 年,倾注了大量的心血,乃至留下病根儿。

涡流室(分开室)式柴油机曾是我国产量最大、用途最广、创汇最多的一类动力机械。它最早在英国诞生,创造彗星型燃烧室的著名吕卡多公司,就是发动机的研究、设计和制造企业;法国雷诺公司、意大利菲亚特公司、德国大众公司,前苏联哈尔科夫厂等均大量生产过彗星型燃烧室或其变形的涡流室式柴油机;日本先仿制彗星型燃烧室,后来发展出涡流预燃室;我国最早仿制英国、日本的燃烧室,后来才发展出自己的涡流燃烧室,如铲击型主燃室和我们研发的优化型涡流室、弧型圆角通道、双楔型主燃室等;美国历来主要发展大型柴油机,较多采用统一室式(直喷式),但至今还有采用分开式燃烧室的,如康明斯 3.3 升柴油机就是这种产品。目前,因能源结构的变化,国际上越来越多的专家认为应使用多种燃料,这又为分开室式柴油机的发展提供了新的契机。

我与涡流式柴油机结下数十年的不解之缘,最早可追溯到 1956 年我在长春汽车拖拉机学院时的本科毕业设计。其题目是"设计一台 18 马力、缸径 100mm、冲程 130mm 的双缸涡流式柴油机",前苏联专家参与指导和策划了毕业设计答辩。该校邀请了全国著名专家教授组成答辩委员会,这是我在国内外遇到的最庄严、最隆重的毕业答辩会。我因在涡流燃烧室的设计上有创新而获得了"优秀"成绩。当时,我怎么也未想到,对此种柴油机的燃烧过程和燃烧系统的研究将会用去自己大半生的光阴。

1965 年,在镇江市委书记的直接领导下,镇江市政府、上海内燃机研究所和原镇江农机学院联合研发镇江第一台动力机——185 型涡流室式柴油机。学校派我带领 40 名师生参与此项工作,此机的燃烧室是我根据相似原理设计的。"文革"一开始正好新 185 型柴油机也发动起来了,我们以此向镇江市委献礼,却因此落得一个"保守"的罪名。随后,上海内燃机研究所的工程师返沪去参加"文革"了,我和镇江市的王林宝工程师坚持把试验做完,其性能达到了上海内燃机研究所提供的 10 多台日本样机的水平。若不是因为"文革"的干扰,185 型柴油机很可能成为镇江乃至全国的"名牌"产品之一。

从 1971 年开始,我在常州柴油机厂集中全力研究涡流燃烧室 3 年,并获得了全国机械工业科学大会先进个人奖。此后我不断总结研究成果,不断思考和开展新的研究内容。

为了能对动力机械的瞬态和累计流量进行测量,1974 年我应邀到上海工业自动化仪表研究所主持新一代流量计——旋涡流量计的研发。经过近 3 年的试验和理论研究,我推导出该流量计的基本方程,奠定了它的理论基础。产品定型后,由常州热工仪表厂生产。我们还到数个动力机厂和四川天然气公司做过使用考核和应用推广试验。我将此项研究成果在全国仪器仪表成立大会上宣读,数家国家一级期刊对此竞相刊登,我还应邀至上海大学等单位做了专题讲座。该成果曾获江苏省科学大会奖。

1979 年,国家派我赴罗马尼亚进修,在导师贝林单教授的指导下,我的研究视野进一步拓宽,研究内容步步深化。我发现涡流室式柴油机燃烧过程(含低温启动过程),尚有许多理论和实验问题未能解决或未能较好地解决,需要进一步探索。如日本京都大学长尾不二夫教授所做的涡流室水模拟试验和部分论述存在不精确性。我根据严格的相似律,设计了一台新的水模拟试验装置。经一位德裔高级技师大半年的精心制作,我们造出了一台比长尾教授更精确的涡流室式柴油机的光学水模拟装置。通过实验,获得了涡流室内流体运动的精确宏观物理模型。证实涡流室内存在一个主涡和两个副涡,这与我们以后通过模拟计算得到的结果相符合。1982年回国后，我们和上海内燃机研究所合作，对涡流室式柴油机的排放进行了测量和分析。这可能是我国最早开展的内燃机排放研究，并获得了降低20% NO_x 的效果。为达到国家有关检测标准，我又率先开展了降低涡流室式柴油机部分负荷油耗的研究。把国产机部分负荷油耗降低了 5 ~ 20 克/马力小时，并将有关论文在1984年天津召开的国际燃烧学会议上宣读。随后，在我的倡导和组织下，我校与上海内燃机研究所、常州柴油机厂等单位联合申请到机械部的科研基金，进行了涡流室式柴油机性能全面改进提高的研究。通过此项研究，不仅使涡流室式柴油机油耗和排放皆有所降低，并使其噪声、振动和可靠性均有所改善，成果获机械部科技进步奖。

当时，国内外有关文献中，均鲜见涡流室式柴油机的精确示功图，精确的放热规律也就未能得到。这就要求发展精确的计算模型和计算程序。为此，我申请并获得国家自然科学基金的资助。首先，我组织有关单位，利用北京中国农机科学研究院引进的我国第一台AVL公司开发的发动机高速数据采集系统，测出涡流室式柴油机不同条件、不同状况下的示功图。我们基于这些示功图，分析和计算出涡流室式柴油机的精确的放热率，并开发出一套具有自主知识产权的放热律程序，为评价和改进涡流室式柴油机的性能，提供了一种科学依据和工具。清华大学著名教授程宏认为，他尚未见到过测得如此精确的示功图，他和清华大学内燃机教研室主任蔡祖安教授先后派研究生来我处学习和调研。该项工作亦获机械部奖励，有关论文在国内外学术会议上宣读，得到英国凯尔迪夫大学赛勒德教授等的高度评价。

20世纪80年代中叶，我作为南京航空航天大学的兼职教授，与该校的王家骅教授合作，在国内较早地对轴针式喷油嘴的喷雾进行了激光全息摄影试验和分析，从而对喷雾结构有了更深入的认识。

基于20世纪70年代及80年代前期对涡流室式柴油机的燃烧过程和燃烧系统的研究工作，我们获得了国家发明专利和国家发明奖。

1992年,我应邀赴日访问。日本是当时生产涡流室式柴油机的大国,且研究水平居世界前列,我除访问了洋马公司、五十铃公司和本田公司等著名企业外,还应邀到京都大学、上智大学、东京大学、早稻田大学等进行学术交流,与著名的池上询、五味努等教授进行了深入的讨论。我通过此前已作的研究认识到,要彻底了解涡流燃烧室内的混合和燃烧过程,必须先要测试出涡流室的速度场和温度场。日本同行也同意我的观点。在池上询教授陪同我参观他的实验室时,我问他:"你们实验室激光器这样多,为何不用它而只用热线风速仪来测量涡流室内的速度场?"他说:"我眼下的研究项目多,你回国若有条件可用激光多普勒测速仪进行测量,我们可将两种测量结果进行对比和互补,以便更完整地认识涡流室结构等因素对速度场的影响。"回国后,我得知天津大学内燃机燃烧国家重点实验室刚从丹麦引进了一台激光多普勒测速仪。我申请到该实验室的一个课题,随即组织我在江苏大学和湖南大学招收的数名博士生,与天津大学重点实验室合作,对我们自行改装的光学涡流室式柴油机进行了速度场的测量,并获得了精确的测量结果;随后通过模拟分析和计算,证实计算结果和实验结果的一致性,并将有关论文在日本召开的国际会议上宣读,得到与会专家的肯定和赞赏。

根据另一项国家自然科学基金的要求,我们又开展了涡流室温度场的测量和模拟计算。众所周知,燃烧室内的速度场和温度场最精确的测量方法是非接触式测量,如上述用的激光测速仪即是。然而,非接触式温度测量技术有更大的难度,当时,国际上有人刚提出用激光莫尔偏折法测量温度场的概念,南京理工大学贺安之、阎大鹏教授首先依此概念发展了一套激光莫尔偏折系统,测量导弹尾气的温度场。我是该校的兼职教授,有机会把这一测量系统首次用来测量内燃机燃烧室的温度场。测量结果引起国内外同行的关注,相关的论文在国际会议上宣读,且被多次引用。

除了燃烧室的速度场和温度场外,柴油机非稳态工况(如启动、加速、减速）转速的测量也是世界性难题。我们承担了"柴油机冷起动机理研究"这一国家自然科学基金项目，因此必须解决这个难题。为此，我组织了南京理工大学、江苏大学、湖南大学、中南大学、北京特种车辆研究所和无锡行星柴油机公司等单位的有关人员，利用自行开发的测量系统，在长沙内燃机研究所冷起动实验室开展了为期数月的瞬态转速和瞬态示功图的测试，获得了大量的非稳态工况下的涡流室式柴油机主、副燃烧室的示功图及其转速变化规律。我们把这种示功图结合高速摄影照片进行分析，提出冷起动过程存在 3 种典型的燃烧过程模式，从而揭示了柴油机非稳态过程的规律，搞清了这一过程的机理。日本池上询教授赞扬我们这一研究思路和方法非常卓越。五味努教授通过书面评论称赞我们对柴油机冷起动研究作出了重要贡献。

1994 年，我应邀赴美，与德州大学马修斯教授合作开展柴油机非稳态燃烧过程的研究，它属于又一项国家自然科学基金的内容。该项研究需要寻求更精确的燃烧模型。当时，一种先进的相关火焰微元模型刚刚由普林斯顿大学提出，我们发展了该模型，并首次把它用于内燃机的非稳态燃烧过程研究，获得了一系列创新成果。鉴定时，同行专家公认我们关于涡流室式柴油机燃烧过程和燃烧系统研究达到了国际先进水平。

我在德州大学开展合作研究时，还参与了马修斯教授领导的建立美国最严格的汽车排放标准——天然气汽车排放标准的制订，又在马修斯教授的支持下，写成《关于建立和完善我国汽车排放法规若干问题的探讨和建议》一文。回国后，将此文与中国科学院史绍熙院士等联名发表。这是国内最早呼吁重视汽车排放、并建议如何解决排放问题的重要文献之一。

上述应用基础研究成果，由国家自然科学基金委、中国科学院提供出版基金资助，于 1998 年、2000 年先后出版了两部专著。此外，我们还对涡流燃烧室的喷雾、混合和燃烧进行过多次高速摄影和分析，揭示了涡流室冷起动孔的作用机理，结束了国内学术界关于此问题长达 30 多年的争论。同时，我们对涡流室式柴油机的传热,乃至对涡流室的材料,都进行过研究。在亚太地区燃烧国际会议上,主持人认为我们在这个领域的研究是全面而深入的。我自己不仅参与了研究的全过程,还亲自到数十家企业进行成果的推广应用和技术指导,并多次开设专门讲座,取得了较大的经济效益和社会效益。

上述研究成果不仅用于分开式柴油机,直喷式柴油机乃至多种燃料发动机也均可借鉴。今后随着研究的继续和发展,已达到的水平仍可进一步提高。

除上述研究外,从 1999 年起,我们还与无锡油泵油嘴研究所合作,对柴油机新一代燃油喷射系统——共轨式喷射系统进行了研究。我的博士生胡林峰创建了一套新型增压式共轨系统;我们在数值模拟方面,在国内取得了具有领先水平的成果。从 2001 年起,我们与美国加州工业大学薛宏教授、新加坡国立大学杨文明教授合作,在国内率先开展了微尺度燃烧和微动力系统的研究。第一个获得该领域的国家自然科学基金的支持,首创了微热光电系统原理性样机,总效率达 0.81%(美国麻省理工学院公布的总效率为 0.08%)。上述所有研究成果均已收录于 2008 年出版的《动力机械工作过程及其测试技术研究——李德桃教授论文选集》中。

当然,这些成绩并不属于我一人,若没有国家和省(部)科研基金的支持,若没有那么多单位和个人在我困难时伸出援助之手,若没有不同时期、不同项目的"跨学科、跨单位、跨地区、跨国界"的科研团队和研究生们,我不可能获得这些成果,我要深深地感谢他们!

(李德桃)

重视国际交流　扩大国际影响

我校的国际交流与合作工作历史较为悠久，可谓起步早、起点高。1978年改革开放以后，我校国际合作交流工作全面起步。根据农机部有关安排，我校重点做了以下几方面工作：

首先是选送教师出国考察、培训。1979年10月分别选送高宗英、刘星荣、李德桃赴奥地利格拉兹技术大学、罗马尼亚布拉索夫大学、罗马尼亚蒂米什瓦拉工学院学习。至2001年，学校共选派400多位同志赴美国、英国、德国、法国、加拿大、日本、澳大利亚等国家考察、留学、做访问学者、开展合作研究等。

其次是举办为亚太地区农机网培训外籍学员的"农机培训班"。1980年4月，受农机部委托，我校承担了联合国亚太地区经社委员会亚太农机网举办的农机设计与制造培训班，把农机产品推向国外。共成功举办了10期培训班，培训了来自菲律宾、泰国、印度、巴基斯坦、伊朗、孟加拉、厄瓜多尔、埃塞俄比亚、圭亚那、伊朗、肯尼亚、尼泊尔、菲律宾、塞拉里昂、索马里、苏丹、乌干达、赞比亚等30多个国家和地区的国际学员110名，这些学员包括各国农机方面的工程师、研究人员和教师，都是为发展本国农机事业被选派来我国作短期进修的。此外，学校在1994年、1998年分别举办了亚太农机网农机研讨班和国际食品加工包装机械技术研讨班。通过举办高水平的培训班、研讨班，积累了办好国际短期培训班的经验，也为学校赢得了广泛的国际声誉。

再次是与日本的交流与合作。1989年，学校为促进中日友好举办了首期汉语学习班。学习班以增进中日两国人民友谊和友好交往为宗旨，为期一个月，主要学习汉语拼音和日常会话，同时适当安排太极拳、国画、音乐等课程，并组织学员去南京、杭州等地参观访问。至1995年，学校和日中平和友好会共联合举办了 10 期日本留学生短期汉语培训班,培训日本留学生近 50 人。1994 年 10 月 8 日,以高宗英副校长为团长的江苏理工大学代表团一行 19 人赴日本三重大学参加首届"三国三校"(中国江苏理工大学、日本三重大学、泰国清迈大学)国际联合研讨会。此后,"三国三校"国际研讨会持续在三国三校间举办,迄今已连续举办 17 届,我校承办了 5 届,今年的第 18 届会议亦将在我校举办。

1980 年以后,我校国际合作交流积极拓展新项目,交流工作层次丰富、类别多样;重点突出、特色鲜明;互动频繁、局面开放。1991 年,我校成为全国第一批有条件接受外国留学生的 200 所高校之一。1993 年,根据国务院外国专家局的要求,受机械电子工业部的委托,经江苏省教委、江苏省外事办公室、江苏省公安厅评审,国家外国专家局批准,学校获得了聘请外国文教专家单位资格认证书。

(口述:金瑞琪;整理:任建波)

校 训 解 读

校训是一所学校经长期积淀而成的学校精神的凝练与概括,是校园文化的精髓,它反映了学校的学风、教风、研究作风和工作作风,从一个侧面折射出学校的办学理念和师生员工的精神风貌。一所大学的校训同这所大学独特的历史传统、人文环境、专业特色、办学方向、奋斗目标有密切关系,是学校身份识别系统中难以言说却又具体可触的组成部分,对学校的改革与发展,起着十分重要的作用。我校确立了"博学、求是、明德"六字校训,既古典雅致,又不乏现代气息,言约意丰,便于记诵。

一、博学

文理交融　　基础宽厚　　厚积薄发

博通古今　　学贯中西　　知行统一

教学相长　　终身学习　　求知不倦

《论语》云:"博学而笃志,切问而近思,仁在其中矣。"《礼记·中庸》亦云:"博学之,审问之,慎思之,明辨之,笃行之。"这便是"博学"两字的古文献来源,随着时代的发展,其内涵日渐丰富。

(一) 文理交融　基础宽厚　厚积薄发

现代通识教育认为,高等学校要以培养科技与人文交融的复合型人才为目标,充分认识到哲学社会科学与自然科学同样重要。学理工的要读点人文科学和社会科学经典;学文科的要看些自然科学书籍,熟悉当代科学技术的最新发展。无论从事哪一方面的学习和研究,都必须学习马克思主义,不断提高自己的科学文化素养和政治理论素养。现代著名学者胡适指出:"为学要如金字塔,既能广博又能高。"学习不仅要广博,而且要专精,只有打通不同的学科,成为基础宽厚、博学多艺者,才有可能瞄准学科发展的前沿,在本学科领域做出出类拔萃的成绩,成为一流的专家。所谓厚积薄发,由博返约,才是治学之道。

（二）博通古今　学贯中西　知行统一

中国现代史上的学术大师，大多中西俱萃、新旧兼备，既有深厚的传统学养，又精通西学。徐光启曾曰："欲求超胜，必先会通。"此所谓"会通"，不仅仅指文理会通，还包括中西会通、古今会通。只有这样，才能做到上下自如，左右逢源，触类旁通。江苏大学以一流综合性大学自期，理应把"博通古今，学贯中西"作为努力的目标，虽不能至，心向往之。博学不仅是指要学习书本知识，注重课堂教育，而且要善于在生活实践中学习，将课内与课外结合起来，追求认识与实践的统一。高校师生应满怀对文明进步的渴望和对自然、社会的关怀，重视参加社会实践活动，在实践中接受知识、丰富知识、检验知识、更新知识，使得学有根基。

（三）教学相长　终身学习　求知不倦

《礼记·学记》曰："学然后知不足，教然后知困。知不足，然后能自反也；知困，然后能自强也。故曰：教学相长也。"这就是说，教与学、教师与学生是相互启发、相互促进的，学而不厌、诲人不倦是学问进步的不二之途。人的生命是有限的，但客观世界是无限复杂和永恒发展的，尤其是在知识生产、知识更新频率加快的现时代，若不甘落伍，不想被时代边缘化，就必须树立终身学习的观念。所谓学无止境，活到老，学到老。在江苏大学的图书馆、教室里，我们经常能看到一些鬓发斑白的老教授埋头研读的"镜头"，不禁感慨，敬佩之心油然而生。大学应率先成为学习型组织，养成不耻下问、求知不倦、人人向学的良好学风，这是学校发展的希望所在。

二、求是

　　　　解放思想　　实事求是　　务实行事
　　　　与时俱进　　勇于创新　　锐意改革
　　　　严谨治学　　崇尚科学　　追求真理

《汉书·河间献王传》云："修学好古，实事求是。"唐代史学家颜师古把"实事求是"四个字释义为"务得事实，每求真是"，意思是说做学问要以事实为根据，逐一探求真实的结论。宋代理学大师、教育家朱熹,更是把"实事求是"作为长沙岳麓书院的办学宗旨,书院大门的正上方悬挂有书写"实事求是"4个大字的匾额。从整个中国古典文论的传统解释来看,"实事求是"是对严谨治学学风的概括,本非哲学命题,是毛泽东首次赋予其马克思主义思想路线的科学含义。毛泽东在《改造我们的学习》一文中指出:"'实事'就是客观存在着的一切事物,'是'就是客观事物的内部联系,即规律性,'求'就是我们去研究。"作为校训的"求是",兼有上述两层含义,反映的是治学之道和工作原则,即科学的精神。

(一)解放思想 实事求是 务实行事

辩证唯物主义告诉我们,解放思想与实事求是是辩证统一的。科学研究、学术探讨需要解放思想,开展实际工作也需要解放思想,但都要从实际出发,所得出的结论要符合客观规律,经得起事实的检验,力戒因循守旧和主观武断。学校各级领导和广大师生员工要有前瞻意识,关心高等教育的发展,研究高等教育发展的规律,大兴调查研究之风,切实加强与改进工作作风和研究作风,了解国情、校情。决策或干事,应有雄心壮志,也要尊重客观规律,实事求是,讲事实,干实事,既反对小富即安、不思进取,又反对夸夸其谈、好高骛远。要紧密联系实际,以扎实的功夫,求一流的业绩。

(二)与时俱进 勇于创新 锐意改革

客观世界是不断变化发展的,我们的思想认识要随着客观世界的变化发展而不断进取,突破陈规,开拓创新,任何思想僵化或决策保守,都可能葬送我们的事业。创新是一个民族的灵魂,是一个国家兴旺发达的不竭动力。创新也是科学的本质和科学发展的动力。学校各项事业的发展取决于创新和改革,要大力倡导改革精神,加强创新素质教育,培养学生的创新人格、创新方法和创新能力。广大教师干部要致力于教育教学改革,致力于理论创新、科技创新、制度创新。唯有改革与创新,学校的事业才有生机和活力。全校师生应成为改革与创新的参与者和受益者。

（三）严谨治学　崇尚科学　追求真理

大学生的主要任务是学习,要有踏实的学风、探索的勇气、发现真理的慧眼;大学教师的职责是既传授知识,又创造知识,既教书,又育人。求学、教学、治学都要具有科学的态度和科学的精神,把"求是"作为自己的天职。所谓科学的精神,也即求实的精神、质疑的精神、创新的精神、探索的精神、勇攀高峰的精神,说到底是实事求是的精神。"路漫漫其修远兮,吾将上下而求索",学术研究不应急功近利,更不能粗制滥造、抄袭拼凑、欺世盗名,高等学府尤其要提倡科学,反对迷信,反对虚伪。要努力成为先进文化的创造者和传播者。无论是自然科学研究,还是哲学社会科学研究,其基本任务是透过现象看本质,揭示研究对象的规律,发现真理,弘扬真理。

三、明德

爱岗敬业　服务社会　升华人生

遵纪守法　明礼诚信　修身养性

自强不息　厚德载物　团结进取

《尚书·君陈》云:"黍稷非馨,明德惟馨。"四书之一的《大学》则开宗明义便是:"大学之道,在明明德,在新民,在止于至善"。中国儒家特别重视"人之所以为人之道",所谓"三不朽"——立德、立功、立言,即以德为首。古人尚能如此,生活于物质文明与精神文明相对发达时期的今人,尤其是文明程度最高的大学知识群体,就更应该有高尚的道德情操,以"明德"为做人的根本。

（一）爱岗敬业　服务社会　升华人生

一个合格的人才应该既红又专,而红首先必须做到专,否则红便无从体现。高校教师要热爱党的教育事业,爱岗敬业,执著教研,苦练内功,掌握本领,不断提高教学、科研水平。全体师生员工均应确立正确的世界观、人生观、价值观,不断提高道德修养,以天下为己任,树立全心全意为人民服务之心、报效祖国之志,把自己的所学反哺社会,乐善好施,做"一个高尚的人,一个纯粹的人,一个有道德的人,一个脱离了低级趣味的人,一个有益于人民的人"(毛泽东《纪念白求恩》),在服务社会中获得人生的升华。

(二)遵纪守法　明礼诚信　修身养性

良好的伦理道德,是社会有序的必要条件,作为知识精英的大学师生,尤其要修身养性,知书达理,遵纪守法,诚恳待人,不自欺欺人,自觉遵守社会主义法律和学校的各项规章制度,维护公共秩序,努力成为基本道德规范的模范践行者、先进道德的弘扬者和社会正义的捍卫者。大学教师要恪守科研道德和学术规范,以身垂范,反对学术腐败。"千教万教教人求真,千学万学学做真人",一个不知道怎样做人的人,一个道德水准低下、人格卑污的人,本领越大,对社会的危害性也就越大。以道德素质为内核的人文素质教育,不仅仅是人文社会科学工作者的事,专业课教学也应渗透人文素质教育的内涵,使之成为高校实施人文素质教育的重要渠道。

(三)自强不息　厚德载物　团结进取

江苏大学要向一流大学进发,不仅要有自强不息、不甘落后的精神,还要有如大地般博大与宽厚的胸怀,有海纳百川的气度,对于不同的学术观点,要允许自由争鸣,鼓励学科间的相互交流、理解与合作。"自强不息,厚德载物"是一种精神、一种人生态度、一种人生境界,更是一种在激烈的竞争中能立于不败之地的重要德性。高校教师要克服文人相轻的恶习,养成精诚团结、协作攻关的团队精神和锐意进取的美德。许多重大科研攻关项目,不是某一个人或某一个学科所能解决的。要对当代重大的社会与人的理论问题作出贡献,必须有人文社会科学工作者和科技工作者、经济工作者的通力合作。江苏大学的多学科综合性优势,为促成这种合作提供了条件。

四、内在关系

"博学、求是、明德"六字校训,体现了我们中华民族的教育精神,凝聚着当代高等学校的办学理念,具有整体之美。"博学"主要是指知识的积累与拓展,它是"求是、明德"的前提和基础;"求是"是指教学和科研的精神与原则,它是"博学、明德"的深化和体现;"明德"是指做人的准则与人生境界的提升,它是"博学、求是"的灵魂和目标。三者之间有着内在的逻辑联系,由表及里,层层递进,环环相扣,充分展现了我们学校的丰厚底蕴。

置身于新的世纪,面对新的发展机遇和挑战,江大人将永远牢记"博学、求是、明德"的六字校训,励精图治,奋发前行,为中华民族的伟大复兴和人类文明的进步,作出自己应有的贡献。

(董德福)

江大校训人文精神之审美
——写在江苏大学成立第十年之际

今年,江苏大学已进入第十个年头了。伴随着新成立的江苏大学前进的步伐,一则新人耳目、耐人寻味、启人奋进的江大校训应运而生。"博学、求是、明德",3 个词组,6 个汉字,落落大方,任重道远。校训之于江大人,是照耀航程的灯塔,是指引征途的路标,是激励创新的战鼓,是鼓舞斗志的号角。

品读校训,如饮醇醪,齿颊留香,其味无穷。校训,乃江大精神之魂,师生做人之本。它承载着优秀的华夏文化传统和丰厚的人文精神意蕴,穿过时空的隧道,带着 21 世纪的雨露、空气和阳光,生机勃勃,遍及校园的每个角落,铭刻师生的心田脑海。那么,江大校训,究竟包蕴哪些人文精神与审美价值?其魅力何在呢?笔者不揣谫陋,聊以浅说,以为共勉也。

先说"博学"

博学者,虚怀若谷、博采广纳之谓也。《论语·子张》云:"博学而笃志,切问而近思,仁在其中矣。"意思是说,广泛学习并做到持之以恒,遇到问题就请教别人,直到弄懂为止,加之不断思考那些切合人生的实际问题,那么,仁义也就蕴含其中了。孔老夫子把"博学"二字提高到他一生念念不忘、苦苦追求的"仁"的高度来认识,可见"博学"是何等重要啊!《礼记·中庸》亦云:"博学之,审问之,慎思之,明辨之,笃行之。"此乃孔子之孙子思对其祖父"博学"观点的深入阐发,二者都把"博学"置于为人处世的首位。自先圣孔子以来,多少仁人志士在"博学"观的感召下,为民族之振兴、中华之崛起而"焚膏油以继晷,恒兀兀以穷年"(韩愈《进学解》)。在当今知识爆炸、信息密集的时代,对于高校的广大师生来说,"博学"显得尤为重要。而中国加入 WTO 以后，与世界各国的交往更为广泛而密切，倘若没有足够的知识储备，就势必成为世界交流的"聋子"、"瞎子"和"哑巴"（抑或为"半聋、半瞎"、"半哑"），如此这般，何以与世界接轨？于国于己又有何益？这就要求我们广大师生在教好、学好本专业课程的同时，还要涉猎本专业之外的相关领域，力求打通文理，一专多能。江苏大学作为涵盖工学、理学、医学、文学、经济学、法学、管理学、教育学八大门类的综合性大学，无疑为培养具有综合素质的复合型人才提供了一个坚固而硕大的良好发展平台。我们应该利用优势，博学广纳，乘势而上，教学俱进。

以上所论乃"横向"之"博学"也，而要真正做到"博学"，还应该做到"纵向"之"博学"。古往今来，楷模众矣！隋唐时代著名的医学家和药物学家孙思邈活到 101 岁时还说："白首之年，未尝释卷"。南宋伟大的爱国主义诗人陆游暮年时读书兴趣不减当年，他说："白发无情侵老境，青灯有味似儿时。"清代爱国诗人顾炎武说得更干脆："君子之学，死而后已。"当代仅有初中毕业文凭的世界著名数学家华罗庚，不仅数学成就蜚声中外，而且诗词文章亦华美风流。他不仅是自学成才的楷模，而且还是"活到老，学到老"的典范。他晚年时自拟的一则座右铭说得非常好："树老怕空，人老怕松。不空不松，从严以终。"他委实是名副其实的纵横双向、货真价实的"博学"者。逝世于 98 岁高龄的国学大师季羡林先生，其晚年仍坚持每日凌晨 4 时即起，读书、写作，乐此不疲，四季皆然，令人敬佩！我们江大人，所追求的自当是大师们的这种"博学"境界。

次说"求是"

求是者，寻寻觅觅、追求真理之谓也。《汉书·河间献王传》云："河间献王德以孝景前二年立，修学好古，实事求是。"这里的"实事求是"，即根据实证，求索真知的意思。明代王阳明说过："君子之学，惟求其是。"梁启超的《论中国学术思想变迁之大势》亦认为："本朝学者以实事求是为学鹄，颇饶有科学的精神。"其中的"实事求是",便含有马克思辩证唯物主义的精髓。"实事",指客观存在的一切事物;"求",指研究;"是",指客观事物的内部联系,即规律性。"实事求是",也就是说我们的学习与研究,要从实际情况出发,努力找出周围事物的内部联系,探求其发展的规律性,发现真理,运用真理,以指导实际工作。就我们的教学与研究来说,就应当从我国现有的政治经济文化建设与发展的国情出发,勇于进行教学内容与方法的改革,深入探讨教学规律,为祖国四化建议服务。北大老校长蔡元培说得好:"科学研究必须与国家及社会密切联系,俾国家得学术之用,社会得学术之益。"这就十分明确地指出了"求是"的宗旨就是要有益于国家与社会的根本道理。

我国知识分子素有追求真理的光荣传统。从伟大的爱国主义诗人屈原"路漫漫其修远兮,吾将上下而求索"的发唱,到鉴湖女侠秋瑾"只身东海挟春雷"的抒怀,再到周总理"邃密群科济世穷"的呼唤,几千年来,时代不同,人物各异,但所表达的心声如一,即:为"强国富民"而求索不止,奋斗不息。"发扬革命传统,争取更大光荣"。先辈们在旧社会那么艰难困苦的环境下依然奋力"求是",追求真理,而今天我们生活在如此美好的环境中,就更应加倍"求是",以杰出的教学成果和带有普遍指导意义的科学理论成就奉献社会。"求是",除了要求教学与研究必须具有科学的精神和态度外,还必须强调要按照事物的实际情况办事,不夸大,也不缩小,做到像胡适所说的那样,"有几分证据说几分话,有七分证据不能说八分话"。有了"实事求是"的科学精神与态度作支撑,我们的教学科研成果才能站稳脚跟,有补于世。我国著名历史地理学家谭其骧先生说得好:"求是是求真,要求是、求真,必先辨是非真假。要明辨是非真假,关键首在能虚衷体察,弃绝成见,才能舍各宗派之非之假,集各宗各派之是之真。学术之趋向可变,求是之精神不可变。"他还对"求是"的重要性作了一个十分形象的比喻:"历史好比演剧,地理就是舞台,如果找不到舞台,哪里看得到戏剧。"谭先生是从他的历史地理学专业的角度来论证脚踏实地、实事求是进行科学研究之重要性的。我国著名气象、地理学家竺可桢对"求是"别有深解,他曾说:"求是就是奋斗精神、牺牲精神、革命精神和科学精神。"他又多次强调说:"科学家的态度应该是不盲从,不附会,不屈不挠,只问是非,不计利害。"他还严正指出:"大学是社会之光,不应随波逐流。"学术先贤的谆谆教诲,字字金石,掷地有声,振聋发聩,刻骨铭心。

末说"明德"

明德者,知书达理、恪守仁德之谓也。《书·君陈》曰:"黍稷非馨,明德惟馨。"黍稷粮食只香一时,所以并非真正的"香";而勉行德政,积善成德,才能流芳百世,此乃真正之"香"也。通过对比,强调了"明德"的重要性。《礼记·大学》云:"大学之道,在明明德。"郑玄注曰:"谓显明其至德也。"《论语·里仁》曰:"德不孤,必有邻。"意谓有德之人,不会孤独,一定有人跟随他。《左传·庄公二十四年》则把"立德"摆在人们各行事业的首位,其云:"太上有立德,其次有立功,其次有立言。"《大戴礼记·武王践阼》曰:"行德则兴,倍德则崩。"将深省。刘义庆的《世说新语·贤媛》说:"百行以德为首。"韩愈《潮州请置乡校牒》说:"以德礼为先而辅以政刑。"现在,学校评定优秀教师、三好学生,也都是以"德育"为首要条件。自古迄今,"明德",已成为我国人民的共识。就教师而言,"明德",就是要忠诚党的教育事业,关爱学生,甘坐冷凳,作风正派,执著教研。不做空头文,不做水分文,不做欺世盗名文,更不做抄袭剽窃文,恪守科研道德,反对学术腐败。就学生而言,"明德",就应当确立为中华崛起而发奋学习的宏大志向,尊师守纪,关心政治,善于学习,乐于助人,艰苦奋斗,积极向上。无论教师,抑或学生,都必须做到安身立命,"明德"在先。舍此,别无他途也。

由上可知,"博学"、"求是"、"明德"6字校训,既具古色古香之雅韵,又含新世新意之美质,古为今用,不亦乐乎?文字无声,魅力自在。

江大校训的魅力,还体现在它高度概括了人之素质的整体之美,且三者之间别具严密的内在逻辑关系。对江大师生的教学与科学来说,"博学",是对知识结构与知识总量的严格要求。"非学无以广才",它是教学科研的起码条件。"求是",是对科学态度与精神的严格要求。百川归海为"求是",它是教学科研的最终目的。"明德",是对思想品格与道德的严格要求。万事德为先,它是教学科研的根本保证。倘若将人的整体素质比作一座宝塔,那么,"明德"则为塔座,"博学"则为塔身,"求是"则为塔尖。无"博学",则无以"求是"。无"明德",则"博学"与"求是"则如沙滩建塔、空中筑楼矣!终因缺乏基础而一败涂地、害人害己。譬之以花卉,"明德"为"根","博学"为"花","求是"则为"果"。三者相连,互为依托;彼此辅成,缺一不可。

其实,我们还可将"博学"、"求是"、"明德"三者归结到"求学"与"做人"这两个至关重要的人生"穴点"上。"博学"、"求是"归为"求学";"明德",则为"做人"。只要把这两个人生"穴位"点准了、点稳了、点好了,那么我们就能成为一个德才兼备、有益于国家与人民的人。钱穆先生曾就"做人"与"求学"的关系问题发表过很好的意见,他说:"做人的最崇高基础是求学,求学的最高旨趣是做人。爱家庭,爱师友,爱社会,爱人类,是做人与求学的中心基础。对社会事业有了解,对人类文化事业有贡献,是做人与求学的向往目标。"陈毅同志曾以诗的语言来强调"求学"与"做人"的双重困难性,告诫人们要知难而上,百炼成钢,诗中有:"应知学问难,在乎点滴勤;尤其难上难,锻炼品德纯。"江泽民同志考察中国社科院时亦曾指出:"做人、做事、做学问相统一,是中华民族的优良传统,只有坚持老老实实地做人,踏踏实实地做事,扎扎实实地做学问,才能成为一名对祖国对人民有贡献的学问家。"说到底,最终还是落实到"做人"与"求学"这两个关键点上。"做人""求学",寥寥4字,意义之大,终身切记。

综上所述,江大校训既言约意丰、古为今用,适应时代的审美特征,又具逻辑严密、易记易通、简便实用的审美效果。品读再三,"别有一番滋味在心头"。然而,校训再美,倘不落实,便形同虚设,何益之有?故只有让江大校训扎根于我们的心坎上,融化在我们的血液里,并落实在我们的行动上,使其转化成我们江大人本质力量的对象化——把江大建设成为国内同类院校中处于领先地位,在国际上有较高知名度的教学研究型综合大学。到那时,在蓬勃发展的全国高校中,必将是"春色满园关不住,一枝红杏出墙来",由此而折射出江大校训的独特风采与无比魅力!

（李金坤）

人物春秋

水的呼唤

——戴桂蕊和他的内燃水泵梦

他明明是个男孩，却起了个女孩的名字——戴桂蕊。据说这是他父亲根据自己的职业取的名。父亲是铁路职工，亲自参加了京广铁路粤汉线的修建，铁路修到株洲，他就被任命为昭陵站的站长，一位从农村奋斗出来的青年，破天荒地当了官。当他怀着一分庆幸二分骄傲来到车站时，所有的兴奋顷刻化为乌有——这是一个没有一员部下的"官"，整个车站就只有他一个人。尽管如此，这个位置还有很多人在"窥伺"呢！于是这位站长把妻子接来，工作之余开荒种菜，认认真真地过起小日子来。第二年，1910 年农历 3 月 12 日，他们的第一个孩子出生，取名戴子骥，字桂蕊，顾名思义，这位读了几年私塾、研究过一些国学的青年站长，寄希望于他的儿子能够驰骋世界，闻名遐迩，要像桂花芯蕊一样芳香。于是，他在车站附近种了许多桂花树，一到秋天，火车过站，一阵浓郁的桂花香沁人肺腑；又过了两年，第二个孩子也出生了，取名戴子骐；再过几年，两个女儿也先后出生了，小家庭多了许多欢乐和笑声。

水稻扬花了，知了叫了，年青的父亲为儿子抓到的蝈蝈又大声音又清脆，每天几班车过后，就有大把的时间带孩子满田野、满山岗地玩耍，孩子的童年没有幼儿园，甚至没有同龄的伙伴，但有阳光、雨露、自然与亲情，孩子们一个个像雨后春笋般茁壮成长。有一年，天特别热，好久没有下雨，水塘干涸了，水田干裂出一条条沟，就连知了的叫声也是有气无力的，很少有旅客的小站，时不时有一些衣衫褴褛的"爬车者""光顾"。父亲总是当没看见，这些日子父亲的笑容少了，他总是要母亲多煮些粥，把吃剩下的故意放在外面……有一天傍晚，父亲在站台上乘凉，一边抚摸着子骥的头一边指着前面铁路边的"爬车者"说：

"孩子,水是农民的命根子呀,今年旱了100多天,许多田都干裂了,稻秧都插不进,哪来的收成?乡下饿死好多人呐!"

"他们为什么不车水呢?"孩子好奇地问。

"能车到的水早车完了,深河里的水没有那么长的水车,车不上来。"

"……"童年的子骥心中埋下了一桩心事——如果能让农民种田都有水,该多好啊!

小家庭有欢乐也有烦恼,孩子一天天长大,到了该进学校读书的时候,可是车站方园几十里,连个街镇都没有,更不要说学校了。父亲那点墨水,早被孩子"吸干"了,特别是老大子骥,更是一块读书的材料。他记性特别好,几乎是过目不忘,那几本唐诗宋词,他不但倒背如流,还能全部默写下来,一手毛笔字写得比父亲还好,家里所有可读的书,都不知被他读过多少遍了。等一年再说吧,父亲心里想,他把心思闷在肚子里,没有人倾诉,妻子只字不识,平常对他唯命是从,是拿不出什么主意的。

孩子一年年长大,也变得话少了,每天干完活儿,不是拿着一本书看,就是摆弄他那套工具,家里的家具被他修理一新,时不时还有些新家具出现,全凭子骥那个脑子、那双手。

子骥有一次去亲戚家做客,看见他们用刀切辣椒做"剁辣椒",又慢又辛苦,就想到如果把几把刀子绑在一起,用一个转轴带动,这样手一摇,切起辣椒来又快又省力,回家说做就做,一台切辣椒机就这样诞生了,送到亲戚家,大受赞赏,大人们都说,这伢子将来是个成材的料。

孩子不能耽搁呀,同龄的孩子已经上小学三年级了,可孩子还在这前不着村、后不着店的小车站上"混日子"。孩子心里明镜一般知道父亲的心事与无奈,也不好说什么。

眼看已经奔14岁了,虽然个子不高,但完全是个大孩子了。这要在农村,就该谈婚定亲了。"不能让孩子就在这小站再待下去了,这会毁了他一生的。"父亲心中盘算,"凭他的聪明才智,是可以成就大事的,何况下面还有弟弟妹妹呢,也得靠他帮衬呀!"

　　一个雷雨交加的日子,父亲把大儿子子骥叫到办公室,进行了一场开诚布公的谈话:

　　"子骥,你是老大,今年13吃14的饭了,再不去读书,你这一辈子就毁了,而且家里还有弟妹要你将来帮助,我的工作是一天也不能离开车站,你自己一个人出去闯吧!你也知道,我不能给你太多的钱读书,就供你读6年书,你能读多少,就读多少,找一个城里的工作,到时也把弟弟妹妹带出去。你人聪明,是读书的料,我相信你,能读出个人样来的。长沙车站有我一位师兄,以后给家里写信及家里给你钱,就找我的师兄葛伯伯,你还有一个姨母在长沙,但已经好多年没有联系了,我找到地址,会通过葛伯伯告诉你的……"

　　子骥不声不响地听父亲交代他出门求学的注意事项,一点一点都记在心里。长沙是湖南省省会,虽然他从来没有去过,但心里已经不知道想过它多少回了,担心与想往交织在一起,最后还是想往占了上峰。母亲一针一线地为他准备行装,默默地不知掉了多少泪;弟弟肯定早就知道哥哥要走,背地里准备了许多笋干和烟熏野兔肉,好让哥哥作为见面礼送给葛伯伯;大妹绣花已经赛过妈妈了,她给大哥绣了一只枕头和一双鞋;小妹还小,这几天总跟在大哥后面,要求大哥尽早也带她出去,她说长沙一定比家里好玩。一家人送他上了火车,从生下来就天天与火车打交道,可真正坐火车远行,这还是头一次。

　　葛伯伯在长沙车站接到了子骥,把他带回家,婶婶是一位热情而爱唠叨的大脚女人,早就为他安排了住宿。葛伯伯告诉他,要进小学,还要等一个月,现在放着暑假呢。利用这一个月他可以好好准备一下,问题是到底读几年级,一年级的学生都只有六七岁,他现在比六年级的孩子都大。

　　子骥第二天去了附近的一家书店,先买了一本小学一年级的国文和算术课本,谁知第二天就读完了。他又买了点纸笔,用了两天时间把一年级国文和算术的作业全做完了。葛伯伯看着那字体洁秀的作业,心想这娃不是一般的聪明,正好邻居是一位教书先生,他拿着作业本去找他,告诉他这伢子神了,从来没有上过学,一年级的功课两天就读完了。说得这位教书先生也好奇,便走过来与子骧聊开了,他说:"我想办法把小学.6个年级的课本都帮你找来,你看能读懂多少,作业最好都做出来。"这正合了子骧的意,这位矮个子的小胖子,除了读书,好像对什么兴趣都不大。夏天的长沙像一个大火炉,可他却不感到热,每天除了吃饭、睡觉就是读书和做作业,半个多月过去,一大沓工工整整的作业本放在了先生面前,竟没有一道题目做错的,也没有一处涂改过。先生眼前的这个小胖子用了不到一个月的时间,在没有老师,没有学校的环境下,竟读完了小学6年的功课,神了,真是太神了。

大凡做先生的,都是爱才的,眼前的这位小胖子还用去读小学吗?教小学还差不多。应该让他直接去读中学。孩子没有学历,考中学也过了时间,唯一的办法是在自己的学校想办法。这位先生拿着那一大沓作业本去找校长,向校长详细介绍了子骧的情况,"让他读中学吧!"先生为孩子向校长求情。

校长是一位曾留学英国的开明人士,在英国留学时还特意去考查过英国的精英教育,对这种特慧孩子也特别关心,他马上把教务长找来,组织有经验的教师草拟考题,他要亲自来测试一下。

只考了两门——国文与算术。考卷依然是一个字的涂改也没有,两个100分,真让人感慨不已,这居然是一位从来没有上过学读过书的孩子的考卷。校长把先生找来,要他回去与子骧讲,9月来校就读,因为一上班已招满了,没有位置了,一下班刚好转学走了一位同学。子骧求之不得,马上就答应了。临开学前,他回了一趟家,把那套小学课本和他的作业本都带给了弟妹,鼓励他们也要自己学习。

子骧养成了自学的习惯,虽然进了学校,但很快就感到老师讲得太慢,只好把自己的苦恼向校长谈。校长姓冷,但个性却十分热情,根据他研究精英教育的经验,戴桂蕊(这时他已经开始用他的字号了)肯定不需要用3年时间来读初中,但如果让他早毕业,还能找到破格接收他读高中的学校吗?根据他对长沙高中的了解,这是不可能的。如果过早地让孩子毕业,只能流落到社会,也许一个天才就这么被毁了,他决心要好好地栽培这个天才,于是他与桂蕊进行了一番推心置腹的谈话:

"戴桂蕊同学,最近学习是不是有点儿没劲了? 有点儿吃不饱?"

"是的。"

"如果让你跳级,让你早点毕业,你愿意吗?"

"不知道。"

"不是不知道,是无可奈何,对吗?"

"校长说得对!"小桂蕊抬起头,望着校长,心里在想:校长,您能帮我吗?

"我知道你现在在想什么,是的,我今天找你谈话,就是要帮助你,你在我的学校读3年,啊,不是3年,而是两年半,除了把初中的功课完成外,主要靠自己自学高中的课程,有问题可以问我,我也会私下安排几位老师来辅导你,你要争取毕业时直接考大学,好吗?"

心领神会的戴桂蕊知道遇到恩人了,不禁扑通一声跪了下来,一边磕头一边流下泪来。冷校长一把拉起戴桂蕊,严肃地对他说:

"我要帮你,一是看到你的天分,二是为国家、为社会培养人才,希望你今后不管如何发展,都要时刻记住你是百姓的儿子,你要为百姓谋福利。"

小桂蕊不住地点头,心里记下了冷校长的话,他暗下决心:做人要做冷校长这样的人。

"冷校长,我还有三座大山搬不动啊,不要说考大学,可能连初中都不能毕业。"

冷校长笑起来,说:"还真看不出来,你小小年纪,身上还会有三座大山,你讲讲看,是哪三座大山?"

"第一座是体育课,我长得胖,个子又矮,估计很难及格;第二座是音乐课,我从小没有唱过歌,我知道自己五音不全,也学不会;第三座是图画课,我也是从小没有学过,现在学可能晚了。"

"哈哈哈……"冷校长被他说得笑得接不过气来,他禁不住去摸了摸戴桂蕊的头,停住笑说道:

"人是要讲全面发展的,音乐、图画、体育都不能缺少,你的情况有点儿特殊,这样吧,我和这几门科的老师打个招呼,不管你成绩如何,都给你及格,但你课还是要上的,不能因此不上课,这些课对你将来的发展是会有好处的。"

有了校长的承诺,小戴桂蕊一下子轻松了,以后上这些课也不再感到有压力了。后来的实践证明,学习体育与艺术对他的发展的确是有好处的,特别是图画,为他以后画设计图打下了基础。只是音乐一直不行,本来就五音不全,加上一口双峰土话(他父母都是双峰人,因此从小学得一口双峰土话),越唱不好就越不敢唱,以后也从来没唱会过一首歌。后来他也因为唱不好《东方红》而吃了不少苦头。

虽然在初中学习,但他学的内容和方法却与其他同学不一样,时间一长,老师与同学也都习惯了,14 岁的戴桂蕊在一种主要靠自学的环境中用一年时间学完了初中的功课,又用一年半的时间自学完高中课程。

1927 年,长沙是一个多事的年头,沉浸在学业中的戴桂蕊并没有注意到时局的变化。这时,有两件事触动了他:一是帮他报考完后冷校长突然离开了学校,走时连跟他打个招呼都没有,听说他又去了英国,但以后连封信都没有,后来戴桂蕊去英国留学时也曾留意找过他,但没有找到。一个曾给了他巨大帮助的恩人,在还没有来得及报答时,就突然"蒸发"了。再就是临到要考试了,军阀何健突然把长沙城军管戒严了,使得当年高考不得不推迟。与当时大多数考生比起来,戴桂蕊算是年纪小的,他当时只有 17 岁多一点儿,考完试后他回了一趟家,准备与父亲商量把弟弟和大妹接到长沙来读书。谁知前脚到家,后脚葛伯伯的电话就跟了来,告诉他"考试院"派人找到家来,要他明天去面试。于是他又连夜赶回长沙。

这次考试一共有 5 门功课:国文、数学、英语、物理、化学,戴桂蕊总分考了 500 分,是当时长沙考生第一名,一查档案,他只是初中毕业,而且根本就没有上过高中,这太不可思议了!他报考的第一志愿是湖南大学,湖南大学招生办把情况向校长汇报,校长决定,要组织教授进行面试。

就这样,在完全没有准备的前提下,戴桂蕊来到了坐落在岳麓山下的湖南大学。面试有点紧张,主考席上坐着 5 位当时湖南大学的权威教授,面试采用随机问答的方式,教授们都很耐心、认真地听着他带有浓厚双峰土话的回答。一天 5 门功课的面试,小伙子不但不累反而越来越精神焕发。

第二天,面试成绩出来了——又是 500 分,湖南大学第一个录取了戴桂蕊。

但是,这时不依不饶的是戴桂蕊了,他坚持不肯读一年级,一定要求从二年级读起,因为他心中有个小九九:父亲答应的 6 年上学时间,他已经用完了一半,如果从一年级读起,大学是 4 年,他就毕不了业了,当然,这个小九九他没有办法告诉别人,只好用优异的考试成绩来争取。关于他的情况,外面也开始有所闻,有的报纸也进行了报道。一个没上过高中的孩子,一进校就要求读二年级,这在湖南大学还是破天荒的,学校讨论来讨论去,最后来了个折中的办法:让他去读"一年级下",戴桂蕊最后也只好接受了这个方案。好在当时是学期制,同时有"一上"和"一下"。

完全靠自学上到大学的戴桂蕊比起其他同学来更快地适应了这种以自学为主的大学生活,大学学习对他来说是轻松的,只读了一年,大学的功课他也基本学完了。这时,系主任把他找去,要他当助教,协助讲师给同学上课。于是,他有了一份薪水,而且他提出的让弟妹来湖南大学子弟学校上学的要求也获准了。就这样,戴桂蕊完成了在湖南大学 3 年半亦学亦教的生活。

1931 年,日本开始侵略中国,国难当头之际,这位年轻的助教不愿留校,宁愿当母校的兼职教师也要走向社会去找一份能够报效祖国的工作。他被任命为粤汉铁路最年轻的工程师,这一方面是由于工资高,更重要的是他有去英国的机会,因为当时粤汉线的火车头全是在英国订购的,每年都需要派出一批工程技术人员去英国见习,他成为候选人之一。

1933年4月,他终于享受到见习的待遇,登上了开往欧洲的轮船。

他花了近3个月的时间才来到伦敦,并先后游历了意大利的威尼斯和罗马、瑞士的日内瓦和法国的巴黎,经济发达的欧洲使青年戴桂蕊大开眼界。"自己的祖国实在是太落后了,一定要好好向人家学习,要为国家富强起来而贡献自己的力量。"青年戴桂蕊暗下决心。

从1933年7月到1935年6月,他有两年的公费考察时间,火车头厂的见习任务半年就完成了,这样,青年戴桂蕊有一年半的时间是自由的,他得抓紧这一年半的时间好好学习,他考察了英国最好的大学:牛津大学、剑桥大学和英国皇家学院。牛津是文科,他没有兴趣,剑桥的学制是3年,也就是说有一年半要靠自己勤工俭学来维持,而且当时国内的形势越来越紧张,日本的狼子野心越来越暴露,他不能在英国呆太久,他要用学到的知识回去报效祖国。

他看中了英国皇家学院,但这所学院的门槛特别高,就是剑桥、牛津的毕业生也不一定能进来。但一旦进校,学习比较自由,专业和课程都可以自由选择,听不听课也不强求,只要完成作业与实验,即使不上课也同样可以毕业,而且毕业的时间也自由,只要完成学分和毕业论文,最短一年半就可以拿到毕业证书。最让青年戴桂蕊满意的是,这里经常有学术讲座,讲座的专家大多是世界顶级的科学家。英国皇家学院其实就是现在的研究生院,是英国最高水平的学府。

考试是青年戴桂蕊的强项,他再次以优异的成绩被录取。报什么专业呢?在湖南大学他学的是机电,来到英国他要报两个最好的专业。当时中国的航空事业几乎是一片空白,于是青年戴桂蕊就报了航空系的两个最好的专业——航空专业与航空发动机专业。在英国,能进皇家学院就很了不起,即使进了,许多人也不敢报读航空系的专业,而在航空系中最难的是航空发动机专业,这个矮个子中国人竟报读这个尖端专业,而且选修双专业,这在当时的皇家学院引起了不小的震动。人们不但好奇,而且跟踪观察,看他是怎么样完成学业的。戴桂蕊充分利用学校给出的自由空间和丰富的图书馆藏书,一门课、一门课地攻克。他先是熟悉课表,然后到图书馆把所学课程的参考书借来,再集中几天运用自己的自学能力优势把这些书啃完。这时候就正好是实验课安排的时间了,实验是一定要做的,不然就拿不到学分,通读课本后做实验也就得心应手了,他上实验课一般都很快,常受到老师的好评。做完实验就可以集中几天时间来做作业了,作业做完就可以向老师申请考试。就这样,他很快完成了其他同学要整学期才能完成的课程,而且显得比别人更轻松和有更多的自由时间,于是他就抓紧这一机会尽量多地听讲座。皇家学院有条件邀请到世界上最优秀的专家,听这种讲座简直是一种高级享受,不但可以学到许多书本上没有的知识,还能得到许多启发。

世界"风洞"发明人威廉·戴维斯的一次讲座,给了戴桂蕊终生难忘的启发。大家知道,飞机之所以能飞翔是靠机翼的上下不对称形状在不同的速度的气流中产生的上升举力。飞机制造者必须通过实验来研究和测量这种举力,过去的实验是在一个很大的场地进行:场地中间竖立着一根大柱子,柱子外面套一个套筒,套筒横连着一根长杆可以随套筒绕柱子转动,杆的另一端固定着机翼的模型,当转到一定速度时,模型受到的上升举力会把整个横杆连同套筒一同升起,给套筒接上一个弹簧,弹簧上标上刻度,就可以测出举力的大小,这种实验是可行的,以前的飞机设计都是靠这种实验。但它有两大不足:一是要让模型具有足够的速度,不但转速要快而且横杆要足够长,这就要求场地要大,但这种大是有限的;二是整个设备受多种力的影响,误差大,准确度低,这是航空业最忌讳的,因为任何的不准确都可能造成机毁人亡。

威廉·戴维斯说:我当时只是倒过来想了一下,能不能让模型不动,只给它送上不同速度的空气,即我们平常讲的风。也就是说，只要把模型安装在一个计力弹簧上，然后对着它吹风，安装一台测风速的设备，一台强力鼓风机，一台更准确更科学更小巧的飞机模型实验设备不就成功了吗？神了，太神了！当时的英国只有一个"风洞"实验室，是国家级保密单位，即使是皇家学院的专业学生，也只让英国籍学生进去看。经威廉·戴维斯这么一讲，所谓"风洞"根本就不神奇。（"文革"之前，中国只有两家"风洞"实验室，一家在北京航空学院，另一家在哈尔滨军工学院。"文革"初期，哈尔滨军工学院的造反派以黑材料被转移进"风洞"实验室为由冲击了实验室，被国家军委定性为一级泄密事件，所有参加冲击者全部被抓起来了。）这场报告给戴桂蕊的启发是：搞技术并不难。造氢弹、原子弹难不难？不难；人造卫星难不难？不难！

　　还有一位水力机械专家的讲座引起了他的好奇，这位专家在讲完主课后，以畅想的口气讲了自己与众不同的思路：抽水机离不开发动机，发动机不是电动机就是内燃机，当时的农村大多没有电，主要是用内燃机。其实从理论上讲，根本就不要内燃机，也不要抽水机，只要有一根管子就可以直接靠燃料燃烧时产生的强大压力把水抽上来。真是讲者无心，听者有意，这一科学畅想竟埋在了青年戴桂蕊的心中，成了他日后为之奋斗的主要研究方向。

　　有时间，青年戴桂蕊也会到校外去走一走。有一天，他遇到有一位中国人用汉语向他问路，他好久没有见到自己的同胞了，虽然是第一次见面，仍然感到十分亲切，他们还约好了下次见面的时间与地点。第二次见面，两个人就成了朋友。对方执意要请他吃饭，而且一定要找一家中国餐馆，话题当然主要围绕国难和救国的抱负。对方说要介绍更多的中国朋友给戴，并说在英国的华人有一个爱国俱乐部，可以介绍他也去参加。

　　那是一个周末的下午，戴桂蕊如约来到一个会场，会议已经开始，会场严肃而带点恐怖的气氛。主持人正在讲解加入的宗旨、目标、条件等，原来这是复兴会的海外支部，戴桂蕊好像听人说过复兴会又叫蓝衣社，是一个暗杀团体。当时他两手出汗，赶紧借口说要上厕所而溜之大吉。回来后越想越害怕，自那次以后，那位"同胞"三番五次地约他，甚至跑到学校来找他，他思来想去，决定提前回国。当他把这个意思告诉导师时，几乎所有的导师都表示惋惜，他们对戴说：你是所有学生中最能读书的，再读半年，就可以拿到皇家学院两个专业的毕业证书，那时估计学院也会留用，前途是十分辉煌的。他不能对教师讲真实的原因，只好说父亲给他定了亲，要他赶回去完婚，再者英国当时也在战争阴影中，他也想回国去为自己的祖国作贡献。专家团经过商议，给了他一份能说明各科成绩的结业证书。

1936 年，戴桂蕊回到长沙。他回国的第一件事，就是去湖南大学拜会师长，学校执意要留他，并很快给他送来教授的聘书，这一年他才 25 岁，成为湖南大学最年轻的教授。他接受了聘请，但告了 3 年的假。一方面是要处理家事；另一方面，他这次学的是航空，很想为祖国的航空事业做点事情，而那时湖南大学还没有航空专业。

当时，中国正在组建空军，唯一的一所航空学校就是成都航空工程学校。1937 年，年轻的戴桂蕊教授成了该校的教师，这是一所设备十分简陋，条件十分艰苦的学校，没有合格的实验室，没有足够的供教学使用的教练机，更没有正规的可供实习的飞机。但是，这里的教学风气很好，教师来自国内外，他们都有一个明确的目标——为组建中国军队的空军作贡献，学生学习非常努力而刻苦。戴桂蕊在学校也很受重视，一来校就上了几门主课，如航空发动机原理、航空学、航空动力学等。学校位于成都市郊区，实行军队管理办法，师生们的教学任务都很紧张，出校门的都很少，抗日战争中这所学校的学生成了中国空军的主力，绝大多数都为国捐躯了。后来学校被日军发现，曾专门派飞机来轰炸，那时戴桂蕊已经离开了这所学校。

1938 年，中国的抗日战争已全面爆发，正埋头于航空教学的戴桂蕊又碰到与在英国时一样的难题，成都航空工程学校有一天召开了全校师生员工大会，要求全体师生集体参加国民党，参加的方式就是在会上举手，几百人的大会，大家都把手举起来,他也只好随大流,回到宿舍一想,决定还是回湖南大学算了。

1940年,戴桂蕊到了贵阳,担任中国煤气车营运公司的主任工程师。太平洋战争爆发后,美国的石油供应被切断了,许多汽车都因缺油而停开,政府号召改烧煤气,这就要求对汽车进行改造,此项任务落到了年轻的教授戴桂蕊和娄既庭身上。戴桂蕊找来一些汽车观察,发现进气门在进油时都只打开了30%左右,改烧煤气的关键是进气不足,燃料不足以支持每次循环的动力需求,如果把气门全打开,让煤气有足够的时间与空间进入气缸,估计就有足够的煤气供燃烧了。改造的方案是把控制气门的桃子轴取下来换一根能让气门全打开的桃子轴,装上一试,基本成功。然后在此基础上改进桃子轴的形状,改了三根,基本满意,于是再在汽车上加一个煤气发生炉,煤气炉的燃料就好办了,几乎随时随地都可以找到,烧煤、烧木材、烧草都可以产生煤气。他将改造好的汽车作一次长途试验——从贵阳一直开到重庆,当汽车开到重庆时,受到当地政府和市民英雄般的欢迎,交通部长亲自为这辆车披戴大红花,一路不停的鞭炮,不停的掌声,各大小报纸都以头版头条刊载此消息。

交通部决定嘉奖设计与制造者,戴和娄两位工程师共获美国林肯轿车一辆,并被留在重庆负责汽车油改气工程,对于因缺油而无法开动的汽车,这真是解决了大问题。

奖状很快发下来,但奖品也就是那辆林肯车却足足等了两年,等到车时,抗日战争已经取得了胜利,戴桂蕊也随湖南大学回到了长沙岳麓山下,并兼任中国农业机械公司顾问。这期间,他曾受联合国救济总署湖南分署之聘,任邵阳乡村工业示范处总工程师,主持所属10个工厂的技术和科研工作。

抗日战争胜利了,祖国应该进入和平建设期,正当中年的戴桂蕊约上亲朋好友来到火宫殿,一边品尝长沙小吃一边商量,是否应该做点什么。这时他已创造了活塞环的一种新加工工艺,并且已与弟弟和朋友在贵阳办了一活塞环厂——活塞环是内燃机中非常重要的零件,它像是一个圆环,开了一个口,被镶嵌在活塞上,进入汽缸时靠弹性收缩成圆形,完成与汽缸套的空间密封,从而保证燃料在密封的空间燃烧及被排出废气。也就是说,这个活塞环的形状必须是被压缩后才形成圆形,还要求有弹性和耐磨,但又不能太硬,以免磨伤缸套,可想而知,其材料和加工都需要较高水平,当时国内根本就没有能力生产。当时国内的工艺是采用单片铸件的成形加工,不进行热处理,最后才开口。戴桂蕊创造了另一种新的加工工艺——把原来是圆环的内外圆加工好,然后开一个口,用一个楔子插入开口并使环涨大到已加工好的形状,再放入盐炉进行热处理,热处理后的活塞环把楔子除去,环就保持了单片环的成形形状,再进行表面加工,这种加工工艺生产的环又叫涨圈环。于是,戴氏两兄弟、工程师寻学晋、周鹤楼、曾子衡5人共同组建了正圆活塞环制造厂。

产品质量是过硬的,但是工厂运营却举步维艰:一是知道这个厂和产品的用户有限,使用效果虽然好,但由于经久耐用,更换得就少了;二是由于多一道热处理工艺,成本较高,正圆环的售价与进口价差不多,抗战后国内市场充满了美国货,一般人的概念都是美国货比国产货好,特别是一些大单位,都不会买国内产品,于是正圆环保持一定销量,只能维持两个人的生计(戴子骐和周鹤楼),其他三位都只是挂名股东,实际上还是去当自己的教授和工程师。

工厂很简陋,城里设一个小门市部,工厂只是在乡下租的一间茅屋,里面有一台旧车床,一个钳工台和一个热处理用的盐炉,好在戴桂蕊创造的这种涨圈式加工工艺对设备要求不高,而且有些工序可以外派加工。实际工序是在外定铸一个钢筒,然后在车床上切割成环,再在钳工台上用手工锯开口,把口子扳开插入契子,放进盐炉去进行热处理,之后把热处理好的环取下契子,再送出去外加工,活塞环就加工好了。

正圆厂出现转机是在新中国成立后,当时美国对中国实行"禁运",整个北京城都买不到一套活塞环。北京市军管会听说长沙有一家厂能生产活塞环,便派人专门赶到长沙。他们好不容易在一条小街上找到工厂的门市部,一听说有很多库存的活塞环,高兴得不得了,取出一套装在车上一试,并不比美国货差,他们喜出望外,把全部库存买下,还下了一大笔订单。

新中国成立后的几年内,正圆厂在党和政府的关怀下迅速发展成为国内最大的内燃机配件加工企业,到 1979 年,工厂建筑面积达到 22 万平方米,设备 745 台,职工人数达到 1 871 人,年产活塞环 1 700 万片,活塞 80 万只……这些都是后话,因为新中国成立后,戴桂蕊的人生就步入了一个全新的里程。

湖南是和平解放的,湖南大学是全省最高学府,毛主席亲自点将,由国务院正式任命中共一大代表、著名哲学家李达任湖南大学校长,李达任命戴桂蕊为工学院院长。饱经战争摧残的中华民族终于可以休养生息了。中国是以农民为主体的国家,只有让农民富起来,国家才算真正富强,此时已经步入中年的戴桂蕊开始重新设计自己的人生。他是农民的儿子,他又是一位科研工作者,只有解决水力机械,才能真正帮助农民解决水的问题——既防洪涝又防干旱。水力机械实际上是要解决排和灌的问题。把毕生的精力投入于中国农业的排灌机械的创新——这就是中年戴桂蕊给自己后半生作出的人生策划,目标一经明确,他立即义无反顾,直到为此贡献出自己的生命!

在实现自己人生目标的路上,他碰到的第一个"拦路虎"就是当院长。他发现院长并不好当,自己也不是这块材料,每天的大部分时间都被各种日常琐碎事务所占据,根本没有办法来搞科研。他决定辞职,但屡未获准。李达是个大忙人,连面都很难见到,怎么向他提呢?最后只好来了个"绝招"——一早他就把写成大字报的辞职信贴在院长办公室门口,把门钥匙装在一个信封里,挂在门把手上,就再也不来上班了。这当然引起全校的轰动和非议,但是李达却力排众议,接受了戴桂蕊的辞呈,对他的行为也没有任何责备。

"文革"时期,有人来找戴桂蕊调查李达的事,戴只有一句话:"知我者,李达也!"他认为李达是一位值得后人永远纪念的优秀学者。

其实,戴桂蕊与李达共事的时间并不长,1954 年院系调整,戴桂蕊调任华中工学院内燃机教研组教授兼动力系主任、科研处处长;李达则调武汉大学任校长直到病逝。

在华中工学院不久,他被再一次调整到位于中国汽车城长春的吉林工业大学,任动力系主任。他创建中国排灌机械学科的梦就是在这里苏醒的。他是学内燃机的,排灌机械的动力,特别是在农村的动力,大多是内燃机。他的思维经常是反过来的,当内燃机的发展向着"三高"(高质量、高结构水平、高品质燃油)方向发展时,他则站在农民的角度来思考问题:中国的排灌内燃机应该朝大功率、简结构、易燃原的方向发展——也就是说,要让农民用得起、花得起、操纵得了排灌机械。他把自己的梦化作了三条路:第一条要立法,他于1962年4月16日在全国政协三届三次全会上联合其他委员提交了105号提案——《为建议考虑就全国调整期内,在农机部内设立农田排灌机械局专责主管全国排灌工具机械,排灌动力机械及自动排灌机械的科学研究及设计制造等业务,期以逐步建立适合国情的农田排灌机械体系,逐步地、踏实地提高我国农业抵抗水旱灾害,保证农业丰收的物质力量案》;第二条要解决农用内燃机的"粮食"问题,汽油和柴油虽然好用,但费用太高。而且会越来越高,要创造农民方便使用,而且用得起燃料的内燃机;第三条要把内燃机和抽水机统一起来进行简化,他想起了在英国听过的报告,他给这种基本只是一个圆筒的简易抽水机械起了一个很好的名字——内燃水泵。他开始把梦化为自己的奋斗目标与行动计划,他从此开始的人生之路,走得一步一个脚印,踏实而坚定:他的字数最多的提案被列入重要提案;为了解决第二条路,他想到其他燃料进入内燃机燃烧的关键是点火,而内燃机燃烧后的残气有着很高的温度,把这些残气再压缩,温度将会上升到可以点燃任何高燃点燃料——残气点火这一课题成了他为之奋斗的主题;当然,占尽天时、地利、人和的还是他走第三条道路的课题——内燃水泵的研制。

新中国成立以后,国家更需要航空航天人才,他为什么要确定这样的人生目标,而不去从航空方面发展?他总结了三点原因:其一,航空与农用排灌机械相比,前者与政治更近,这不但不是自己的长处,而且他一直是回避政治的。其二,他是农民的儿子,从小在农村长大,他有责任分担农民的困难和疾苦,这是他一辈子割舍不断的情结。其三,纵观人类的历史,他认为机械加工技术会越来越高级,但以汽油为主的燃料价格会越来越高,最后会高到农民承担不起的程度,他必须为农民在燃料来源上找到一条出路。

他撰写的有关内燃水泵的文章受到有关部门的重视,1956年,他奉命组建中国第一个内燃水泵研究小组,全力以赴进行试制与研究,他首先从理论上解决了内燃水泵的可行性。他撰写的关于内燃水泵理论的著作得以出版。

为了支持他把内燃水泵从理论变为现实,农机部责成坐落在北京北沙滩的中国农业机械研究院成立以戴桂蕊为组长的攻关小组,为其提供场地与经费,开始研究并试制内燃水泵。此项工作是紧张而有成效的,燃料用的是煤气,但煤气的燃点高,要在泵筒中点燃煤气并不是件容易的事。半年过去了,一年过去了,没有星期天,也没有节假日,每天的工作时间经常是通宵达旦……很难听的一声巨响,工作人员却听起来特别悦耳,因为它证明,没有气缸、活塞、连杆、飞轮,也没有叶片与转轴,把发动机与水泵合而为一的内燃水泵终于启动了。研究小组接着让它转了二次、三次直到能连续启动,一台崭新的排灌机械——内燃水泵在实验室转起来了。两年多的努力最终换来了一个可以用煤气作为动力、结构简单、操作方便的内燃水泵的诞生。周恩来总理听到这个好消息,亲自来到实验室看望全体工作人员,并与戴桂蕊进行了两个多小时的谈话,鼓励他今后不管有多大的困难,都不要忘记内燃水泵,一定要把内燃水泵的研究搞下去,搞好,搞成功。他的这项研究荣获 1958 年全国最高科技发明奖,当时全国获得此项荣誉的只有两位。

内燃水泵的研究只是取得了初步成功,并没有形成最终产品,实验就不得不中途暂停:戴桂蕊被任命为农机部新成立的镇江农业机械学院的业务副院长、第三届全国人大代表。接着便是一个接着一个更激烈、更耗时的政治运动,科研工作停了,教学工作也停了，在书本中呆了几十年的戴桂蕊无法适应这种社会的变化，他带着他的梦过早地离开了我们，离开了他用满腔热血深爱过的祖国和农民，离开了他用自己满脑子的智慧从事过的科研事业。他离开时仅仅 59 岁，正是可以大展宏图的年龄。他生前的最后日子里，周总理还专门叮嘱当时江苏省的负责人："江苏有一位科学家叫戴桂蕊，他是有功的，你们要考虑他连任全国人大代表。"可是精神传回来时，戴桂蕊已经抱憾驾鹤西去了。

（林力源）

勇于科技创新的老校长
——记戴桂蕊教授

戴桂蕊教授生前系原镇江农业机械学院副院长,他是我国著名的农业机械专家、内燃机专家、排灌机械事业的创始人,是我校国家重点学科——流体机械及工程学科的奠基人。

戴桂蕊教授 1910 年 3 月 12 日生于湖南省双峰县青树坪相思桥,1928 年。他以优异成绩选入湖南大学电机系学习,1933年赴英国考察公路并入伦敦英国皇家学院学习航空机械,1936年学成回国,回国后即任湖南大学教授。1940 年在任中国煤气车营运公司主任工程师期间,所设计的普用煤气车备受各界赞许。为解决发动机活塞环要依赖进口、供不应求的矛盾,与同仁共同试验活塞环制造工艺,获得成功后即创办"正圆涨圈制造厂",该厂后来从贵阳迁往长沙,新中国成立后在党和政府的关怀下,从一个小厂发展成具有 2 000 余人规模的"长沙正圆动力配件厂",成为我国内燃机重点配件厂之一。

1944 年,戴桂蕊教授在任中国农业机械公司技术处处长期间曾选拔优秀青年数人送美国学习农业机械,为我国农机化事业的发展培训了骨干。他们中有 29 名学生先后学成回国,成为我国农机化事业的元勋,多人成为中国工程院院士。1947 年,他受聘担任联合国救济总署湖南邵阳乡村工业示范处总工程师,主持所属 10 个工厂的技术和科研工作。1948 年复任湖南大学教授兼中国农业机械公司顾问。1949 年新中国成立后历任湖南大学工学院院长、华中工学院内燃机教研室主任、教授,吉林工业大学教授、科研处长等职。

从 1956 年开始,为减少现有排灌机械多次能量转换的损耗,提高机组效率,戴桂蕊教授研究内燃水泵理论,样机设计于 1958 年试制成功。该泵省去了传统排灌机组中的活塞、连杆、曲轴等运动件,由煤气在水管中直接爆炸提水,实现了热能到水位能的一次能量转换提水的目的。在全国农业机械展览会上获特等奖,展览会期间刘少奇主席、周恩来总理等中央领导同志亲临现场参观。《人民日报》1958年5月22日曾以《排灌机械的大革命》为题进行了报道,并发表了长篇访问《访戴桂蕊教授》。此后,前苏联、罗马尼亚、波兰、印度等国先后派员参观并来函索取资料。

20世纪50年代,根据当时的特殊情况,急需解决农业旱涝保收的问题。鉴于此,戴桂蕊教授进行了全国排灌机械生产和使用情况的调查,并依此向国家科委提交了专题调查报告。报告从我国农业生产需要出发,指出了发展排灌机械事业的紧迫性,并建议成立排灌机械研究机构,开办农田水力机械专业以培训专门人才。他的建议受到了党和政府的重视,时任国家科委主任的聂荣臻元帅亲自作了批示,责成农业机械部办理。1962年,经国家科委批准,在农机部所属吉林工业大学内建立了排灌机械研究室,试办了农田水力机械专业。

1963年,排灌机械研究室和农田水力机械专业南迁镇江农业机械学院,戴教授任副院长并兼任排灌机械研究室主任和动力系主任。在排灌机械研究室内,戴教授主持了3个研究方向:一个是内燃水泵的理论研究和结构设计;二是中低速内燃机的研究设计;三是动力水泵的研究。这3个研究方向都是针对当时农业机械发展的需要而提出的。为了完成任务,戴教授经常带病工作,有时睡到半夜突然想出一个新结构,立即起床伏案画草图,并请保姆找来技术负责人,交代第二天要画出正式工作图交工厂试制。由于当时物资紧张,买不到好的橡胶和牛皮,为了解决内燃水泵进气阀门漏气的问题,他就拿自己的皮鞋充当原材料。

戴桂蕊教授毕生致力于教育、科研事业,后半生为我国排灌机械事业的发展呕心沥血,作出了重大贡献。他高度的责任感和强烈的事业心为中青年科技教育工作者树立了光辉的榜样。他待人和气、平易近人,十分关心青年人的学习、工作和生活,是青年人的良师益友。

戴桂蕊教授积劳成疾，患有高血压、支气管炎等多种疾病，但他仍抱病工作，废寝忘食，经常深夜研究设计方案。为保证科研工作的质量和进度，他还不辞辛苦，亲自深入工厂、农村。他的遗著达 39 种之多。

戴桂蕊教授在我国航空界、汽车界、内燃机界，特别是农机界具有广泛而深远的影响，他所创建的我校流体机械及工程学科和流体机械工程中心一直保持在国内先进行列。

（关功伟）

永远的导师

高良润,1918 年 10 月 5 日生于江苏省常州市的一个小商人家庭。他 5 岁时入私塾读书,后在武进私立肖溪专修学校补习国文、英文 、数学。1929 年考入县立武进初级中学,1932 年考入江苏省立常州中学高中部,成为班上年龄最小的学生。1935 年考入国立中央大学机械工程系,毕业后留校任助教。大学四年级时,他根据读书心得写成论文《列车配合法新建议》,为列车配合提出科学、经济、实用、简便的方法,并刊于《机工》杂志,在 1943 年中国工程师学会兰州年会上宣读,受到专家们的重视和表彰。他在教学中结合资料和经验,写成《木工》一书,被评为"部定大学用书",1942 年由正中书局出版,1950 年由人民出版社再版,更名为《木模制造》。1941 年参加国家机械工程类建设人员高等考试,名列榜首。

1942 年他进入中央工业试验所,任技术室设计组组长。由于后方受敌人封锁,他自行设计小型企业所需各类机器并编写实用科研资料,为发展后方经济建树殊多。1945 年他考取"教育部公费留美研究生",进入美国明尼苏达大学研究生院,主修农业工程,辅修机械工程,假期在美国大型机械化农场实习。1947 年 6 月获得了"科学硕士"学位。然后在美国万国农业机械公司(International Harvester Company,IHC)、伯克利(Berkley)泵厂、赫尔斯卡特(Hallscott)发动机厂实习,加入美国农业工程师学会。在明尼苏达大学学习期间,他与同时考取的其他中国研究生都非常关心国家前途,愿为国家贡献一份力量,并利用课余编译农业机械名词,调查美国工业建设,订阅中国共产党发行的报刊图书。他们将学习心得体会整理成《为中国农业试探一条出路》一文,阐述知识分子只有与工农结合才有出路,只有发展农业机械化和乡镇工业才能振兴中国农业。此文发表在

《观察》杂志上，由 8 人联合署名。文章发表后，引起国内广大知识分子的共鸣，纷纷投函响应。1948 年 6 月高良润回国后，在国立中央大学机械工程系任副教授，并在中央大学和金陵大学农业工程系兼课。此期，正值新中国成立前夕，他与学校进步人士一道，反对将中央大学迁往台湾并参加护校活动。1949 年 4 月 23 日南京解放后，他参加了学校的接管工作。

1952 年院系调整后，他任南京工学院教授。1955 年因国家迫切需要农业机械设计制造人才，学校增设了农业机械专业，他担任了农业机械教研室主任。1960 年镇江农业机械学院（以后先后更名为江苏工学院、江苏理工大学、江苏大学）成立，他调任该校农业机械工程系教授，并先后任排灌机械研究所所长、高等教育研究室主任、学位委员会主席、副院长等职。

发展农业机械学科

中国设置农业机械学科后，高良润为组织完成新专业的教学计划、教学大纲、课程设计和毕业设计指导书、实验指导书、农业机械教材等呕心沥血。他担任全国农业机械专业教学指导委员会主任委员，组织推进全国农业机械专业人才的培养。他在教学过程中，为不断提高教学质量，重视学生德智体全面发展，提倡理论联系实际，弘扬爱国主义，注意独立工作和创新能力的培养；处处以身作则，言传身教，深受学生爱戴。

1981 年他当选为中国首批博士生导师，在培养方向方面，除农业机械外，又拓展了流体机械、农产品加工、农机机构和材料等，为以后建立新博士点奠定了基础。1980 年初，学校应联合国工发组织、亚太农机网的要求，设立了农业机械高级人员培训班，接纳亚非拉国家大学毕业以上程度的高级科技人员，由他担任培训班主任，为亚非拉国家培养了一批农业机械专业的高级人才，增进了国际友谊，加强了国际学术交流，扩大了我校农业机械专业的国际影响。他担任《中国农业百科全书·农业机械化卷》副主任编委及其中《植保机械》主编，担任《江苏农业机械化志》副主编。由于掌握英、俄、德、日、法多种语言，他还承担了《英汉农业机械名词》、《日汉农业机械名词》、《德汉农业机械词典》等书的撰写工作。

对植保机械的创新

高效、经济、安全地使用农药，需要有先进、可靠的植保机械，而这关键又在于其工作部件。为此，1960年高良润和本专业的师生一道，创制了试验台，对植保机械的喷头部件和液泵进行了长时间、大规模的试验，把试验研究成果发表在学报上；还将国内外植保机械发展动态和科研成果，编译出版了30期《植保机械情报资料》，分送各有关单位参考。为了创制新型机具，他在1978年开始对静电喷雾理论及其测试技术、荷电雾滴两相流、荷电微粒两相流、低污染植保工程的基础及应用、流变热力学在果品保鲜中的应用等进行研究。其中"静电喷雾理论及其测试技术"和"静电微量喷雾机具研制"两项分别于1986年和1990年获得机电部科技进步奖，"荷电微粒两相流的理论、测试及应用研究"和"荷电气固两相流在植保机械中的应用研究"两项研究获得了国家教委博士点科研专项基金的资助，并分别于1990年和1994年通过部级鉴定；"群体荷电微粒场与植保机械工程研究"和"荷电两相流理论及应用"两项研究获得了国家自然科学基金的资助，前者于1994年获得机械部科技进步奖，后者则同年通过部级鉴定。这些研究都属于在国际上具有开创性意义的项目，其成果为该领域的发展提供了新的理论，引起了国内外学术界的广泛关注。此项成果的应用亦显现出巨大的经济效益和社会效益。例如，"静电喷雾治虫实验"经众多单位使用，通过较大面积试验，表明对草原治蝗和卫生防疫方面有提高功效、节省药剂、减少污染、降低成本的作用，具有较大的经济和社会效益，居国际领先水平。

为材料科学奠基，开拓排灌机械应用领域

新中国成立初期，机械工业的工艺和材料非常薄弱，迫切需要材料科学等方面的专业人才。1950年他开设了金属工学、金

相热处理、焊接学等新课程。可是,当时没有这方面的教材,他一面讲课,一面编写教材,为这方面的专业设置奠定了基础。之后,在培养研究生过程中,他还开展了农业机械等方面的专题研究。在排灌机械研究所工作时,除开展各项专题研究工作外,他还着重进行调查研究,探讨如何拓展排灌机械的应用领域及其规律,撰写了排灌事业与三峡工程、黄河治理、南水北调、农田水利、环境工程、节约用水等方面的论文,为开拓排灌机械的应用领域及其规律提供依据,并供国家决策参考。

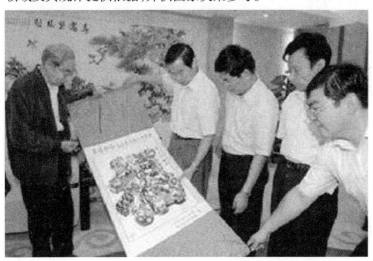

高良润先生90华诞,受到学校和社会各界的隆重祝贺

为社会服务,不断奉献

1951年江苏省为了提高广大群众的科学知识,筹建了"江苏省科学技术普及协会"。高良润积极参加筹建工作,并担任了该会的常务委员长。1957年他又参加了"江苏省农业机械学会"的筹建工作,并担任该会的副理事长。1983年以后,他又相继担任中国农业机械学会和中国农业工程学会的常务理事、中国排灌机械学会和全国植保机械协会的理事长。1990年开始他还担任了江苏省残疾人基金会的理事。

高良润教授从事高等教育和科研工作 60 年来,为国家培养了大量优秀的高级专门人才,其中包括一大批教师、19 名博士研究生和 28 名硕士研究生,2008 年被评为"江苏大学研究生教育 30 年杰出导师";完成了 12 项科研项目,出版或发表教材、论文、译著、词典、手册、标准、史志、百科全书等 2 500 万字以上,其中包括大学教材 12 种、学术论文 180 余篇。他知识渊博,十分重视学科的交叉、渗透和创新以形成自己的特色,在植保机械、排灌机械、农产品加工工程以及农机机构和材料方面都有较深的造诣。

1987 年他获得国家机械工业委员会授予的"教书育人优秀教师"称号,1990 年获国家教委"从事高校科技工作 40 年成绩显著的先进工作者"称号。享受国务院政府特殊津贴。英国剑桥世界名人传记中心将他列入《世界名人录(23 版)》和《世界知识分子名人录(11 版)》。1995 年 10 月美国明尼苏达大学认为,50 余年来,在促进中美学术和人员交往中,高良润教授为国际计划的实施和国际友谊的增进,作出了学术的、领导的和卓越的贡献,特授予其"金花鼠奖状"。

高良润于 1952 年 5 月加入中国民主同盟,先后任民盟南京工学院小组长、支部委员,民盟镇江市委副主委、顾问,民盟江苏省委委员等工作,1983 年始当选为五届、六届中国民主同盟中央委员、三届中国民主同盟中央参议委员会委员。并当选六届、七届全国政协委员。高良润参加民盟后,先后任民盟南京工学院小组长、支部委员,民盟镇江市委副主委、顾问,民盟江苏省委委员等。2008 年评选为"江苏大学研究生教育三十年杰出导师"。

(袁寿其,1990 年原载于《中国科学技术专家传略》)

用时间读懂导师高良润先生

我是一个农家孩子,懵懵懂懂努力考大学要跳出农门,而1979年高考的第二志愿让我再入"农门",进入浙江农业大学(现浙江大学)农机设计制造专业学习。自那时起,我就经常耳闻高良润先生。作为1945年中国农业工程学会20位公费留美人员之一的高先生在中国农机界拥有极高的学术威望。因仰慕江苏工学院(现江苏大学)农机专业的学术地位,1985年我大学毕业在企业工作两年后考入该校,攻读农机设计制造硕士研究生,师从冼福生教授从事植保机械研究。植保机械是高先生的主攻研究方向,因此我能经常得到高先生的教诲。1989年我考上农机设计制造专业博士研究生,师从高良润教授和冼福生教授及由罗惕乾、杨诗通、钱启平等教授组成的指导小组,能经常得到高先生的直接指导。我在江苏大学学习工作7年,离开江苏大学后还能经常聆听高先生教诲,颇多感慨,师恩像漫长的江河,源远流长,难以尽表。伴随着时间的悄悄流逝和我自己人生阅历的日渐丰富,高先生的为人处世和博学睿智使我受益匪浅,也值得我用时间去读懂……

明白四达,能无知乎?

老子《道德经》中有:"营魄抱一,能无离乎?抟气致柔,能婴儿乎?涤除玄鉴,能无疵乎?爱民治国,能无为乎?天门开阖,能为雌乎?明白四达,能无知乎?生之蓄之,生而不有,为而不持,长而不宰,是谓玄德。"其中"明白四达,能无知乎?"寓意大智大慧,通玄彻悟,还能够保持平常心而忘形无知吗?我所认识的高先生就做得很好。

高良润教授是农业工程学家、教育家,作为中国高等院校农业机械学科创始人之一,他在植保机械、排灌机械方面有很深的造诣,为该领域的开拓和发展作出了重大的贡献,可谓中国现代植保机械研究的鼻祖。早在 1960 年,高先生就和师生一道,创制植保机械喷头和液泵试验台,进行长时间、大规模的试验。1978 年,他又开始对国际上开创性的农药静电喷雾理论及测试技术等进行研究(我有幸于 1985 年开始参加了相关的研究工作),引起国内外学术界的广泛关注,其研究成果居国际先进水平。1987 年、1990 年高先生分别获国家机械工业委员会授予的"教书育人优秀教师"和国家教委"从事高校科技工作 40 年,成绩显著的先进工作者"称号,享受国务院政府特殊津贴。1995 年 10 月美国明尼苏达大学认为,50 余年来,在促进中美学术和人员交往中,高良润教授为国际计划的实施和国际友谊的增进,作出了学术的、领导的和卓越的贡献,特授予其"金花鼠奖状"。

1981 年,高先生当选为中国首批博士生导师,在植保机械学术界和产业界德高望重,但高先生能保持平常心,绝不居功自傲,始终如一地关心植保机械领域的科研和产业的发展,扶植一代代年轻人深入开展研究工作,为国家培养了一大批优秀的高级专门人才,其中包括一大批教师、19 名博士和 28 名硕士。

学而不厌,诲人不倦

《论语》中子曰:"默而识之,学而不厌,诲人不倦,何有于我哉?"孔子认为把所学的知识默默地记在心中,勤奋学习而不满足,教导别人而不倦怠,就不会有什么遗憾了。高先生博学睿智,其好学就是很好的例证。

高先生于 1935 年考入国立中央大学机械工程系,大学四年级时,他根据读书心得写成论文《列车配合法新建议》,提出科学、经济、实用、简便的列车配合方法,刊于《机工》杂志,并在 1943 年中国工程师学会兰州年会上宣读,受到专家们的重视和表彰。1941 年,他参加全国机械工程类建设人员高等考试,成绩名列榜首。1942 年,进入中央工业试验所,任技术室设计组组长。他在教学中结合资料和经验,写成《木工》一书,并被评为"部定大学用书",1942 年该书由正中书局出版(1950 年,由人民出版社再版,更名为《木模制造》)。1945年考取教育部公费留美研究生,进入美国明尼苏达大学研究生院,主修农业工程,辅修机械工程。高先生原来学机械,赴美后补学了农学课程,1947年6月获科学硕士学位。然后在美国万国收获机械公司(International Harvester Company, IHC)、伯克利(Berkley)泵厂、赫尔斯卡特(Hallscott)发动机厂实习。1948年6月回国后,在国立中央大学机械工程系任副教授,并在中央大学和金陵大学农业工程系兼课。

高良润先生从事教育和科研工作60余年,出版或发表的教材、论文、译著、词典、手册、标准、史志、百科全书等超过2 500万字,其中包括大学教材12种、学术论文180余篇。担任《中国农业百科全书·农业机械化卷》副主任编委及其中《植保机械》主编;担任《江苏农业机械化志》副主编;由于掌握英、俄、德、日、法多种语言,他承担了《英汉农业机械名词》、《日汉农业机械名词》、《德汉农业机械词典》的编撰工作。高先生知识渊博,十分重视学科的交叉、渗透和创新,以形成自己的特色,在植保机械、排灌机械、农产品加工工程以及农机机构和材料方面都有很深的造诣。

2006年,美国农业部农业研究试验站农药使用技术中心首席专家朱和平博士(也是高先生的学生)应邀来南京林业大学参加由南京林业大学、农业部植保机械重点开放实验室和江苏省农业工程学会联合主办的"2006先进农药应用技术研讨会",我告诉高先生这一信息后,他不顾已近90岁的高龄,亲临会场致辞。他语调亲切,侃侃而谈,对植保机械研究历史的阐释和对植保机械未来发展高瞻远瞩,见解独到,给晚辈们留下了深刻的印象。整整一天的学术交流活动,高先生都坚持参加,其学习精神和对学术的不倦追求可见一斑。

博学多才的元代人许明奎的《劝忍百箴》中有格言"立身百行,以学为基",寓意学习是人生第一需要,学贵有恒,高先生的好学精神影响着我始终保持从学习中实践,在实践中学习。

君子务本，本立而道生

《论语》中子曰："其为人也孝悌，而好犯上者，鲜矣；不好犯上，而好作乱者，未之有也。君子务本，本立而道生。孝悌也者，其为人之本与?"这说明了做人首先要从根本做起，有了根本，就能建立正确的人生观。高先生知识渊博，言传身教，润物无声。我在高良润教授和冼福生教授等老师的指导下开始研究植保机械，近30年来我始终坚持在这一领域的科研实践，这让我从科研工作的懵懂渐入成熟，从科研上的浅薄变为学有所长。

高先生在教学过程中，为不断提高教学质量，重视学生德智体全面发展，提倡理论联系实际，弘扬爱国主义，注意独立工作和创新能力的培养，处处以身作则，深受学生爱戴。我攻读硕士和博士学位时，高先生已年届花甲，我没有机会一睹高先生上课的风采。第一次见高先生应该是我攻读硕士研究生一年以后，高先生到农机实验室时，专程到我正在准备开展的农药静电喷雾研究的试验台前。作为中国植保机械研究的学术泰斗，这位我在入校时感觉高不可及的大人物，现在就站在我的面前。刚开始我有点紧张，但高先生平易近人，丝毫没有学霸气，他嘘寒问暖，非常亲切地询问试验安排和工作进展，并简要指出国内外植保机械研究的概况和发展趋势，特别提到静电喷雾研究的重要性，勉励我认真开展研究工作。

高先生治学严谨，在我攻读博士学位期间进行科研与论文工作的关键环节，他常能给予建设性的指导意见并指出进一步努力的方向。记得1991年春节期间，我利用当时亚洲最大的排灌试验大厅开展静电喷雾试验研究，高先生亲临试验场地，关心试验进展和存在问题，指点迷津，给我以很大的鼓舞。

2005年我应主编屠予钦先生（时为中国农科院植保所研究员）的指派，请求高先生为将由中国化学工业出版社出版的《农药应用工艺学导论》一书作序，高先生听后，欣然应允，然后亲自接待了屠先生和我一行几人，听取介绍后，亲自完成序作。

德者，师之本也。高先生桃李满天下，多数学生毕业后从事教师工作，也要为人师表，授业解惑，弟子们采摘的教学科研果实时中都融入了高先生等导师身正为范的谆谆教诲和潜移默化。

为仁由己，而由人乎哉？

《论语》中曰："克己复礼为仁。一日克己复礼，天下归仁焉。为仁由己，而由人乎哉？"礼者，做人、做事、做学问的规矩和规则，孔子的意思是一旦克制自己，按照礼的要求去做了，天下的人就都赞许你是仁人了；实践仁德，全靠自己自觉自愿，别人是强迫不成的！高先生非常注重理论与实践结合和将知识奉献给社会，在学科建设、产学研结合、科学普及、国际合作、社会事业等方面做了大量的工作，成绩斐然。

1952年院系调整后，高先生任南京工学院（现东南大学）教授。1955年因国家迫切需要农业机械设计制造人才，增设农业机械专业，担任农业机械教研室主任。1960年镇江农业机械学院成立后，任农业机械工程系教授，并先后任排灌机械研究所所长、高等教育研究室主任、副校长、学位委员会主席等职。

中国设置农业机械学科后，高先生为组织完成新专业的教学计划、教学大纲、课程设计和毕业设计指导书、实验指导书、农业机械教材等呕心沥血。他担任全国农业机械专业教学指导委员会主任委员，组织推进全国农业机械专业的人才培养。1980年初，我校应联合国工发组织、亚太农机网的要求，设立农业机械高级人员培训班，由高先生担任培训班主任，接纳亚非拉国家大学毕业以上程度的高级科技人员，培养了一大批农业机械专业高级人才，增进了国际友谊，扩大了我校农业机械专业在国际上的影响。

1951年，江苏省为提高广大群众的科学知识，筹建"江苏省科学技术普及协会"。高先生积极参加筹建工作，并担任该会常务委员长。1957年，他又参加江苏省农业机械学会筹建工作，担任副理事长。1983年以后，高先生相继担任中国农业机械学会和中国农业工程学会常务理事、中国排灌机械学会和全国植保机械协会理事长。1990 年开始他还担任了江苏省残疾人基金会理事。

高先生 1952 年 5 月加入中国民主同盟,并当选为五届、六届中国民主同盟中央委员,三届中国民主同盟中央参议委员会委员,当选六届、七届全国政协委员。我在攻读博士研究生期间,经常听高先生谈论国家的发展情况。高先生退休后,仍一如既往地心系科教兴国伟业,潜心治学、默默耕耘,撰写有关排灌事业与三峡工程、黄河治理、南水北调、农田水利等方面的论文,为国家决策提供参考。

夫唯不争,故无尤

老子《道德经》曰:"上善若水。水善利万物而不争,处众人之所恶,故几于道。居善地,心善渊,与善仁,言善信,政善治,事善能,动善时。夫唯不争,故无尤。"这是说不要刻意地去争权夺利、争功钓名,这样就既没有来自内心的忧虑,也没有来自外界的忧患。高先生平和乐观的心态与诚实的处世哲学教会我们要"先做人,后做事"。

20 世纪 80 年代后期,高先生家住南京,在学校过着"准光棍"的生活(这是高先生的一批学生的调侃用语),自己每天提着热水瓶上学校单身教工楼的三楼宿舍,生活乐观而简朴。我1992 年博士毕业到南京工作后,经常和夫人带着孩子去看望高先生,高先生生活的简朴给我留下非常深刻的印象。高先生和师母住在南京鼓楼附近的女儿家,家中没有现代化的家具,摆设也很简单。2007 年的一天,我因事开车经过北极会堂的公交汽车站,看到高先生与另一位老先生一起在等候公交车,我提议送他们到要去的地方,但高先生坚持说不需要,反映了年届 90 高龄的高先生平和、朴实的生活态度。

高先生为人真诚豁达,从不怨人忧天。多年来,经常有人谈起,凭高先生的学识和成就,早就应该是院士了。我在与高先生交往的过程中领悟到,人要学会放弃,因为人生总会遇到不如意、不顺心的事,抱怨能暂时缓解烦恼和痛苦,但却无法从根本上解除，而且抱怨还会让别人难过，自己的心情也会变得更糟，所以要远离抱怨，放下就是快乐。

高先生平和、诚实、乐观处事的点点滴滴，都值得我们学习和推崇。在高先生的熏陶下，我经常告诫自己要"换位思考，以诚待人"，不管是在教育战线还是身为公务员，我们都要认真体悟人生，因为"人"字写起来就很简单的两笔，但做好却需要一生的努力，人要活得简单、无忧，才能感到活得幸福，奢华和争权夺利难以提高生活的质量和丰富生活的内涵，一定要修身立德写人生。

在庆祝高先生 90 华诞之时，时任江苏大学党委书记的朱正伦用 4 个"道"来概括高先生的德高望重：为人之道真诚谦和、为师之道身正为范、为学之道淡泊名利、为校之道爱校如家。高先生在他 90 华诞时说："生命在于运动，寿长在于德高。"并表示自己还在努力着。高先生的一言一行深深影响着我的人生观、价值观以及处世哲学和做事规矩。至今我已经读了高先生30 余年，我还将用今后的人生来真正读懂我的导师高良润先生……

（郑加强）

怀念我的导师钱定华教授

新中国成立初期,正在美国攻读博士学位的钱定华教授毅然选择放弃前景远大的钛合金研究课题和优越的生活环境,与一批怀有对祖国挚爱之情的优秀中华民族知识分子一起,举家返回祖国,全心投入祖国的社会主义建设中。

钱定华教授是镇江农业机械学院的创建者之一,也是学校重点学科——农业机械专业的第一代领导人。他参与了建校选址和学校成立的组织工作,为我校农机专业的建立和发展作出了不可磨灭的奠基性贡献。

钱定华教授从北京前苏联农机展览会上争取来的全套农业机具,成为我校农业机械专业最初、最基本和最重要的教具。其中一部分至今还摆放在学校农机实验室里。而今,学校已经沿着现代化的道路飞速发展。实验室装备日新月异。那批陈设在实验室里的苏式农机具,蕴含着创业者的心血,向后人昭示着我国农机专业发展的历史轨迹。

钱定华教授学识渊博,勤于教学。他几乎亲自上过农机专业所有的课程,包括数学、力学、金属材料热处理、机械设计、农业机械,等等。他在教学上认真严谨,与其他老教授一起,带出了农机专业教学工作的好风气,为培养农机专业的学生,特别是专业师资力量作出了重要贡献。

他组织了农业机械教学大纲和专业培养规划的制订和教材的编写工作,使我校的农机专业成为全国的重点专业。

1982 年,钱定华教授和高良润教授经国务院批准,成为全国和我校第一批博士生指导教师。他们当之无愧地成为学校学位建设的带头人。

钱定华教授依据他多年的研究积累和不断探索,并结合江苏省农业机械的需求,确立了"土壤和农业机械的黏附和磨擦"

的研究方向,并开始带研究生。1979 年,我有幸成为他的硕士研究生,1982 年,又成为他所指导的第一名博士研究生。钱定华教授不顾自己每况愈下的身体健康状况,亲自指导我们并亲自参与在苏州和无锡等地进行的犁耕试验。他和我们学生一起在乡下田间获取第一手试验数据,指导我们设计和制造了测试仪器设备,进行实验室试验工作。他提出要将"土壤和金属表面的相互作用"作为理论探讨的方向。这一研究方向目前在中国已经形成仿生学的研究学科。钱定华教授提出的研究思路一直是其后研究者的主要参考。

1983 年,钱定华教授不幸被查出患有晚期胰腺癌症,才不得不住院接受治疗。钱定华教授住院期间,我和其他几位同事一起,参与了轮班护理工作。在生命的最后日子里,钱定华教授忍受着巨大的痛苦,顽强地与疾病作斗争,而且依然牵挂着学校的工作,对未竟的事业满怀无限眷恋。

钱定华教授离开我们将近 30 年了。他为学校的创建和发展所作的贡献,已经成为永恒,将留在江苏大学的史册上,永远激励后人。让我们永远继承老一辈的传统,认认真真办学,实实在在教书育人。

(张际先)

怀念在我校工作过的四位老红军

2006 年是中国工农红军长征胜利 70 周年。党和国家要求我们弘扬红军长征精神，坚定必胜信念，艰苦奋斗，忘我工作，为胜利完成"十一五"规划目标和创建和谐社会贡献自己的力量。

一个理想信念的确立，必然要经历一段艰难困苦的过程。红军长征是这样，我们创建学校亦如此。江苏大学是由几所学校合并组成的。它们所处时代不同，成立时间不同，建设经历不同，但是都经历过一段艰苦奋斗的历程。

江苏理工大学的前身是镇江农业机械学院，于 1960 年成立，是当时农业机械部成立后首批创建的工科大学。学校从一片荒山坟地上开始基建，创建之艰辛可想而知。曾经有四位红军干部——刘振堂、戴春华、辛文、董江山参加过学校的创建工作，为学校的建设作过贡献，他们中的两位还参加过长征。虽然他们都已作古，但是他们的音容笑貌和艰苦奋斗的精神仍然活在我们的记忆里。

1964 年学校已经初具规模，为了加强领导，中央从哈尔滨工业大学调来了参加过红军长征的刘振堂（原哈尔滨工业大学党委副书记）任我校党委副书记，负责学生的思想政治工作。他患有严重的肺气肿，怕冷、怕累，不能紧张，但仍坚持按时上下班，深入学生中了解情况处理问题。关于他，记忆最深刻的有 4 件事。

其一，抓制度建设。他到校后，发现学生的思想工作不到位，制度不完善。经他建议，由校党委批准，建立了思想政治工作会议制度，每周都召开组织、宣传、工会、团委、武装部、马列主义教研室负责人会议，听取汇报，研究政策，交流情况，组织协调，自此学生的思想政治工作得以有序地进行。此外还在各系配齐了政治辅导员，并由团委负责建立了政治辅导员定期汇报学生思想情况的会议制度。

其二，抓学风建设。1964年正值全国学习解放军。他根据解放军的三大作风，向全校作了动员，使全校师生员工精神振奋，受到很大鼓舞。1965年上半年，他组织了学生军训，进行队列、实弹射击训练；他不顾身体有病与学生一起拉练，步行50华里。在训练期间，他根据学生中反映出的"熬"军训的思想，通过《军训快报》组织了学生的"熬"与"练"的大讨论，使学生的思想和体质都受到锻炼。在校友会上还有人说起这一段难忘的经历。

其三，抓文化建设。经过一段时间的调查，他发现学生在学习制度上是执行到位的，但在学生会组织的文娱活动中有些阻碍。如合唱团组织不起来，军乐队报名者少，排练节目不严肃等。为此，他曾经亲自召集有关部门负责人和学生会干部开会，寻找原因，研究改进办法；并亲自给学生介绍哈尔滨工业大学组织合唱团的情况，看学生的排练和预演。在经费紧张的情况下，特别批款给军乐队购置各种乐器，招聘管、弦、鼓乐人员。经过一年多的时间，学校组建起了一支较完整的乐队和文艺队伍，他们的演出还在镇江市为学校争得了荣誉。

其四，领导作风民主。刘振堂同志愿意听取群众意见，即使是批评意见他也热忱欢迎。他平易近人，待人热情，遇见人总是彬彬有礼，主动与群众打招呼，甚至每天与妻子上班分别时也扬手告别，此事在校园内传为美谈。

另一位参加过长征的红军干部戴春华同志，从南京汽车厂调来学校担任基建处长，以后又任学校实习工厂厂长。他对学校的基本建设和实习工厂筹建发展贡献了毕生力量。

董江山同志也是一位红军干部，他对学校工厂的基本建设，尽心尽力，忠于事业，勤勤恳恳，直到病故。

红军干部辛文同志调来学校以后，参加了校图书馆的建设，为图书馆的发展壮大发挥了积极作用。他还对我校关心下一代工作作出了贡献。

这些红军干部都给后人留下了深刻的印象，值得我们纪念。我们要继承和发扬红军长征的精神，为创建社会主义和谐社会而努力工作，努力学习，努力创新，实现我们伟大的理想。

（关功伟，2006 年）

忆胡扬同志在基建工作中的二三事

1960年11月，江苏省委决定将原南京农业机械学院迁址镇江，并选定丹徒后官庄新院址。时任省水利厅副厅长的胡扬同志，临时受命到学校主持工作，后被任命为校党委副书记、副院长。1961年6月，因校址由南京迁往镇江，农业机械部决定改"南京农业机械学院"为"镇江农业机械学院"。胡扬在建院初期的许多事迹值得我们回忆和学习。

一

胡扬同志重视学院的总体规划，但当年的设计任务是由农机部通过建设部下达至华东设计院的，设计单位受农机部委托，学校没有选择和决定权。为此胡扬同志深入实际，走遍新校区的每个角落，察看周边的地形地貌，在充分调查研究的基础上，对设计院提供的学校总平面设计作了认真研究，提出了许多有见地的修改意见。例如新校址是一片"三山两洼"的丘陵荒地，

胡扬与妻子

平地属长江下游冲积带,含有泥炭层,土质复杂。原设计大部分建筑分布在平地。为了节省投资、降低造价,胡扬同志提出因地制宜,将建筑物采用不对称设计,依山坡而建造,避免因建在平地而花费较大的人工。华东设计院也赞同他的建议,于是修改了设计,把第一期工程的大部分房屋分布在三座山丘周围,并自然形成功能分区:中间为教学区,西山为实习实验区,东山为教工宿舍区。这样不仅改善了建筑物的地基条件,节省了投资,也使房屋高低错落有致,层次分明,使校园整体上更美观。第一期工程竣工验收时,得到了专家的好评,当年《中国建筑学报》还刊登了我校的设计方案和校园全景照片。

二

胡扬同志在工作中不唯书、不唯上、只唯实。当时学校要自建水厂,华东设计院原设计为从运河取水(当时运河的水质尚清),主要考虑施工方便,投资较少。为此,胡扬同志沿运河步行到镇江市区,沿途仔细察看后认为,眼前运河水质尚清,但若干年后,城市污水排放将日益严重,势必造成深度污染而无法饮用。因此,他坚决反对运河取水方案,力主从长江取水,但华东设计院认为长江河床不稳定,年年冲积长滩,投资大,施工困难,坚持不肯改变。最后双方同去北京向农机部领导汇报,徐斌洲副部长在分别了解学校和设计院意见后也表示支持运河取水方案,并试图说服胡扬同志接受设计院方案。胡扬同志又一次申明理由,坚持长江取水方案,并表示要对全体师生员工的健康负责。以至于会议形成僵持局面,直到下班时间已过,徐副部长结论说:"取水问题就按设计院方案吧。"胡扬同志仍坚持不退让,并再次重申理由,表示无法接受,汇报会不欢而散。后来胡扬同志到上海找设计院领导反复商谈,并邀请设计院总工实地察看,终于说服设计院改为长江取水。实践证明,胡扬同志的选择是正确和有预见性的。

三

胡扬同志对基建工程的质量抓得很紧,他谆谆告诫基建干部要坚持"百年大计,质量第一",力求做到"坚固、实用、经济、美观"。他领导基建工作的作风深入细致,经常参加基建处研究工作,在一期工程中,根据总平面图的坐标,测放的房屋位置和道路,他都要到现场察看,亲自把关。原基础课教学楼于1961年1月开工,当年9月份新生进校时就要使用,工期非常紧张。在那个困难年代,计划分配的钢材、木材、水泥都非常紧张,连砖头、沙石也常常缺货,施工力量又严重不足,他既要落实施工队伍,还常要亲自去跑材料。当施工现场人力不足时,他组织在工地的职工,配合施工单位一起连夜加班,搬运砖头等建筑材料,以加速工程进度。在紧张的加班突击施工中,他对工程质量毫不放松。每当关键部位浇灌混凝土时,他都要到现场察看和检查质量。在他的协调指挥下,基础课教学楼虽然是突击施工,但质量丝毫未受影响。到1961年9月中旬,在门窗还未装配的条件下就提前使用,接纳1961级新生入住和上课。虽然条件简陋,生活艰苦,但保证了当年按时招生开学。

四

胡扬同志对校园环境建设很有远见。当时在基建规划中就列有污水处理项目,拟在玉带河下游拐弯处建污水处理厂。对校园绿化他也抓得很紧,曾邀请南京的绿化专家帮助规划,分期实施。他要求原基础课楼前山坡等处的绿地要做到"终年常绿、四季有花"。现在学校大门内的梧桐树、五棵松、桂花,玉带河边的柳树、桃花等都是60年代初他带领大家栽种的。他在选择行道树时曾把梧桐和银杏相间种植在体育场周围,他说:"梧桐长得快,可尽早成荫,银杏长得慢,但寿命长,可以百年长青。"每当我们走在大门口的林荫道上,就忆起当年胡扬同志在凛冽寒风中带领大家挖坑、浇水,抢栽梧桐的忙碌身影。

胡扬同志是1932年在盐城家乡经胡乔木、乔冠华等老一辈革命家推荐和介绍入党的老同志。第二次国内革命战争时期,他从事党的地下工作。抗日战争和解放战争期间,曾在新四军中做政治工作。以后历任高邮、盐城县长,苏北五地委敌工部长等职。新中国成立后历任苏南行署农林水利局长,苏南海塘工程处长,太湖工程处主任,江苏省治淮总指挥部秘书长、副总指挥,省水利厅副厅长兼江苏水利学院党委书记、院长。1965年调离我校后任省监委驻水利厅监察组长、水利厅顾问。1982年离休,1991年2月5日病逝,终年82岁。胡扬同志为革命和建设事业奋斗了一生。1960年冬,正当国家严重困难时期,他受命主持镇江农业机械学院的创建工作,在建校初期极为艰苦的条件下,克服了重重困难,在基本建设工程、师资和干部队伍建设、学科和专业设置、学校管理等方面做了大量的开创性工作,为镇江农业机械学院以后的发展打下了良好基础。在工作中他坚持原则、实事求是、善于联系群众、平易近人的优良作风受到广大师生的颂扬。见物思人,看到今天学校的发展,更加怀念胡扬同志。

（关功伟）

我国农业工程学科的创始人——吴相淦

吴相淦（1915—2005），湖南常德人，中国民主同盟盟员，我国农业工程学科的创始人之一，中国农业工程、农村能源专家。1915 年 5 月，吴相淦出生于湖南省常德市一个地主兼商人的大家庭中，后因家庭变故其父留学日本，回国后以办学任教为业。吴相淦自幼得到了良好的家庭教育，为日后在学业上取得辉煌成就奠定了基础。在动荡的时局下，吴相淦毅然坚持走求学之路，1937 年毕业于南京金陵大学农学院后留校任教。1945 年赴美国爱荷华州立大学农业工程系学习，1947 年春获硕士学位。1948 年回国后在金陵大学农学院农艺系农业工程组任教，并筹建农业工程系。1948 年 12 月任金陵大学农业工程主任、教授。1952 年全国高校院系调整后，历任南京农学院农业机械化系、农业机械化分院、镇江农业机械学院（现江苏大学）农业机械化系教授、名誉系主任。1985 年以后任南京农业大学农业工程学院教授兼农村能源研究室主任、博士生导师。历任中华农学会会员、美国农业工程师学会会员、南京市人民代表大会代表、镇江市人民代表大会代表、江苏省民盟代表大会代表、民盟江苏省委委员等。1985 年吴相淦教授作为中国科协赴印度农业工程代表团团长参加中印农业工程学术研讨会。1991 年 7 月起享受国务院政府特殊津贴。他提出的拖拉机前、后双向行驶的原理获得美国专利，这是中国人首次在国外获得的农业机械方面的专利。吴相淦教授在农业工程与农村能源领域硕果累累，主要著作有《农业机械学》、《农业拖拉机》、《农业运用学》、《耕作原理》、《农村能源》、《农村机械运用学原理》等，为中国农业工程事业发展作出了重大贡献。

一

成长在动乱年代下的吴相淦先生,以其坚强的意志,坚持不懈地走在求学的路上。吴相淦的父亲吴其林为清末秀才,曾留学于日本宏文师范学校,归国后办学任教。在日本时吴其林曾加入同盟会,后在谭延闿部任职,但因奔丧而错过参加北伐。父亲对吴相淦的影响很大,不仅对他进行旧封建的道德训教,同时还结合自己的人生经历,要求他专心学习科学技术以求自立。

1919年吴相淦入湖南常德区立初级小学,1922年父亲从日本回国后,举家迁至长沙,即转入长沙楚怡小学。1926年小学毕业后又升入楚怡中学,马日事变后楚怡中学停办,1927年转入长沙明德中学继续学业,从初中一年二期读到1933年春季高中毕业。高中毕业后因无大学可考,吴相淦在家温习功课自修半年,于同年9月进入南京金陵大学农艺系农具组学习,1937年夏肄业后留校任助教。但因日寇入侵南京,1938年春随学校一起迁到汉口后被遣散返湘,任湖南高级农业学院作物教员兼农科主任。1940年2月返回已迁至成都的金陵大学,任农具助教。期间返湘奔叔婶之丧,遭遇日寇侵占宜昌,不得返川,1940年秋至1942年春只得在湖南安江国立十一中职业部任农业教员、教务主任。1942年春至1943年2月仍回湖南高级农业学校任作物教员兼农科主任。1943年春返回成都金陵大学后任讲师,1944年起兼任华西大学、川端农工学院农具课程。

由于时任中国农业部驻美国代表、中国近代农学的先驱邹秉文先生促成了一项重要的美国向中国农业导入的农业工程"教育计划",其主要内容之一就是设立奖学金,供20名中国研究生到美国学习农业工程,吴相淦就是其中之一。1945年5月,吴相淦由重庆飞至印度再乘船赴美,在爱荷华州立大学农业工程系研究院学习,1947年取得硕士学位后去各工厂、农场实习,于1948年9月返回南京金陵大学任教。同去的20人学成后大多回国,成为我国农业机械化领域第一代精英,吴教授就是这批精英中的佼佼者。

二

吴相淦教授学成归国后立即投身教育岗位,而当时我国农业机械学科还基本处于空白状态,人才匮乏,他利用自身的专业优势,在金陵大学准备进行院系调整时,积极筹备建设农业工程系。农业工程系成立之初,主要经费来源为单位及个人捐款,较为紧张。吴相淦节俭使用,建设农工馆,并游说美国农机公司赠送教学用农业机具。同时,他利用展览会等多种形式,鼓励青年学子学习农业工程。在他的努力下,报名人数由原先的 5 人一下子扩大至近百人。

学生人数的激增凸显出教育内容的缺乏,当时真正用于高等院校农机教育的教科书微乎其微。新中国成立之初的 3 年中,吴相淦连续出版了 3 本书,很好地解决了教材问题。第一本书是与 1932 年就来金陵大学讲授农具课的美国人林查理(C. H. Riggs)先生合著的《农业机械学》,该书于 1949 年问世,是我国一部重要的高等农机教科书,也是 20 世纪 40 年代我国早期农机学者对农机专著、特别是高校农机教科书的重大贡献,该书与刘仙洲先生的《农业机械》一书共同奠定了我国农业机械学科的基石。第二本书是 1950 年 5 月完成的《农业拖拉机》,该书主要内容是介绍欧美的农业动力机械,成为我国 20 世纪 50 年代重要的农机著作之一。该书出版当年即出了修订版,主要是增加了前苏联拖拉机的介绍。第三本书是《耕作原理》,此书目前已找不到。此外,吴相淦教授于 1946 年主编的《农机运用学》成为重要的高校教材,1987 年主编《农村能源》,1988 年与张松明合编《农业机械运用学原理》充实了农业机械学科,传播了农业机械知识,促进了中国农业机械学科的发展。

吴教授一面注重教书育人,著书立说,广泛传播知识,另一方面还十分注重实践发明。早在留美学习期间,他就提出了拖拉机前、后双向行驶的原理,获得"双向行驶拖拉机"专利,这是中国人第一次在国外获得的农业机械专利。1987 年在中国申请"高力发电机组"实用新型专利。积极研究我国水稻栽培机械化问题,并进行改进方法实验及水稻旱地移植机设计与试制。

吴相淦教授多次参加国际性学术会议：1945 年至 1949 年参加美国农业工程师学会年会，1981 年以中方技术委员会成员身份在北京参加中美能源资源会议，1982 年在长沙参加国际支农会议，1983 年在杭州参加国际小规模农业机械化会议，1985 年作为中国科协赴印度农业工程代表团团长参加中印农业工程学术研讨会，为国际农业工程技术与知识交流作出了重要贡献。1991 年 7 月起，成为享受国务院津贴殊誉的知名教授。

三

吴相淦教授生活中平易近人、正直坦荡、敢于直言，积极为学校事业发展献计献策，深受学生爱戴和敬重。他热爱祖国、热爱教育事业，并为此奉献出宝贵的一生。吴相淦教授长期从事农业工程高等教育工作，培养了新中国一批优秀的农机人才，为中国农业工程和农业工程教育事业的发展作出了巨大的贡献，被誉为中国农业工程学科的创始人，农村能源学科的奠基人。1992 年 12 月，经人事部批准，为暂缓退休的高级专家。

吴相淦（左 3）在美期间与部分学员合影（吴恩泽提供）

（南京农业大学供稿）

"沉默"的拖拉机研究"达人"

——记原镇江农机学院吴起亚教授

吴起亚,1939 年毕业于中央大学。1947 年 12 月毕业于美国爱荷华州爱荷华理工大学研究院,获理科硕士学位。历任中央大学副教授,南京农学院农业机械化分院教授、系主任,镇江农机学院教授、系教研负责人,江苏工学院教授、系主任。曾任江苏省农业机械学会顾问,江苏省科协常委,中国农业机械学报编委,中国农机学会地面机械系统研究会委员,中国农业机械学会顾问,中国农业工程学会顾问。主要论文有《拖拉机改装下水田的研究》、《轮式拖拉机的振动与乘坐性能》、《拖拉机和农业机械的模型试验》、《机械船船体接地比压的选择》等。主要著作和参与编写的教材有《拖拉机学》、《拖拉机汽车学》、《拖拉机理论基础》、《拖拉机理论》、《机械工程手册(拖拉机)》、《拖拉机与农业机械的牵引力学》等。主要科研成果"江苏省土壤比阻研究"曾获江苏省科学技术进步奖。

吴起亚教授已经去世好多年了,他的学生项祖训先生,秉承了老师的"衣钵",任我校拖拉机专业设计老师,如今这位退休多年的 83 岁高寿的老人,回忆起吴起亚教授,依然记忆犹新。"钟情拖拉机和不善言辞是吴老师身上两个鲜明的特征……"项祖训微笑着娓娓道来。也许很多琐碎小事经不起沧桑岁月的消磨而被忘却,但那个在空白的中国拖拉机领域执著开拓出希望的疆土,孜孜不倦地奋战在科研、教学岗位上的农机研究先驱者的形象,注定永远活在满天下的"桃李"的心中。

专情拖拉机的农科"海归"

20 世纪 40 年代,在时任联合国粮农组织(FAO)副主席和中国农林部驻美代表的邹秉文先生的倡议和支持下,美国万国公司提供包括学费、生活费、购置书籍仪器费和离校实习的差旅费等在内的全额奖学金,在中国国内公开招收 20 名学生赴美留学。"教育部"于 1945 年初在重庆、昆明、成都、西安 4 地同时招考,最终脱颖而出的 10 名农科学生和 10 名工科学生分别于同年 5 月和 8 月前往美国,并于 3 年后学成归来。中国农业机械和工程领域"无人问津"的状况被彻底打破,实现了从无到有的质变。这 20 名改写了中国农业现代化建设的骨干中,对拖拉机研究情有独钟的吴起亚也许算得上是成就显著却最为沉默寡言的人。

忧心于刚刚成立的新中国依然处于"牛耕"时代,吴起亚很快便将自己的研究方向锁定为拖拉机和地面力学研究。他认为要实现农业机械化,"拖拉机取代牛"是最关键的一步。于是,他一边研究中国耕田土壤情况,一边学习研究国外先进的拖拉机技术,孜孜不倦地探求适合中国土壤耕种的拖拉机。他是我国拖拉机学的奠基者,在 20 世纪 50 年代初撰写出版了《拖拉机学》。60 年代初,吴起亚教授承担我国农业机械化专业教学大纲的修订和教材编写,率青年教师先后撰写出版了《拖拉机理论基础》、《拖拉机汽车学》,得到全国农业机械化专业教育界同行的好评。此后,吴起亚教授还翻译了前苏联《拖拉机理论》和美国《越野行驶原理》等著作,成为中国农业机械研究的重要参考文献。

埋头耕耘不问收获的科研"达人"

从初涉拖拉机领域到针对不同耕作土壤情况进行拖拉机深入改良研究,一路走来,不管是坎坷艰辛,还是鲜花掌声,吴起亚始终抱着"早日找到最适合中国的拖拉机"、"让拖拉机在中国普及"的梦想,只顾任劳任怨地埋头耕耘。尽管深知这样的梦不可能靠一己之力实现,但他坚持至少要将自己能做的都争取做到。

南方的耕田基本都是水田,对于拖拉机能否下水田耕作的疑惑,让吴起亚寝食难安。他查阅了大量文献都没有发现丝毫相关的有用信息。于是,"拖拉机能否下水田"便自然成了这位遇到问题不找到解决方案誓不罢休的科研"达人"的又一个科研课题。他带领多位志同道合的青年教师和学生组成科研小组，为攻克这一课题到处奔波。没有经费，"口拙"的他硬着头皮与学校交涉；厂家不愿合作，不善游说的他竟跑到厂里"帮忙"，用实际行动恳求人家；组员没信心，他故意忽略他们的过错，却利用他们取得的一点点成绩不断进行表扬和鼓励。历经几年，好不容易有了一定进展，发表了《拖拉机改装下水田的研究》、《沤田拖拉机的机耕船体接地比压的选择》等阶段性研究成果。此后，有不少高校、研究所等科研单位也相继开始研究这一课题，而此时，吴起亚却中断了自己的研究。很多人对他将快到手的荣誉让给别人很不理解，这个第一个"吃螃蟹"的人却毫不在意："万事开头难，接下来的事便顺理成章，会简单很多，大家都研究不是人才、资金的浪费吗？"

当然，这位科研"达人"不会因此而闲下来，在他敏锐的"慧眼"里科研课题似乎无处不在。在研究"拖拉机能否下水田"时，他认为科学测试土壤比阻的测力仪器是研究开展的先决条件。他先后设计制造出"液压拉力计"、"八角环比阻测力仪"等适用于测量土壤比阻的仪器，从而顺利完成了"江苏省土壤比阻研究"课题，并获江苏科技进步奖。随后他又研究设计出智能式土壤参数综合测定仪——BTY 型便携式综合测试仪，并于1991 年向中国专利局申报了发明创造专利。

不善言辞的好脾气"大师"

在那个年代，个性鲜明的大学教授往往被冠以"大师"的名号。吴起亚教授是镇江农机学院的招牌"大师"：专业知识学富五车、教学内容贯穿中西、丰富翔实。但吴老师却不善授课，在由浅入深的讲课技巧和表达方面有所欠缺，常常让慕名而来的学生既敬爱有加有时又哭笑不得。

不爱说话的吴教授虽沉默寡言，但并非难以接近。他对学生要求严格，却极少批评学生，而是细心地将错误的地方标注出来，鼓励学生自己悟出错误原因。好脾气的他对表扬别人从不吝啬，

"吴老师好像有一双轻易捕捉到别人进步的火眼金睛,每个人都有值得表扬的地方"。他之所以能够为新型农机科研培养出多位精英,有4名学生去了美国,其中2名成为美国州立大学的教授,这恐怕和他鼓励为主的教育方法密不可分。虽然这位悉心培育祖国栋梁的"园丁"上课并不十分形象生动和引人入胜,但这丝毫不影响学生在他课堂上的积极性。他上课的内容不断更新,总是与国际最新科研动向并驾齐驱。他极力鼓励学生大胆质疑,学生在他的课堂上敢讲敢思考,时常迸发出具有科研价值的创新想法,甚至得到与"吴大师"合作研究课题的机会。

着装质朴而随意,头发花白而稀疏,面容憨厚而诚恳,留学3年未染一丝"洋味儿",爷爷般和蔼可亲,但却有着犀利的双眸,这就是吴起亚教授。这位中国拖拉机学科领域的铺路人,在拖拉机学科领域上下求索、孜孜不倦,于1996年12月默默走完了平凡而充实的一生,留下的不是惊天动地的磅礴伟业,而是使中国农业科技行业突飞猛进的济济人才和扎实贡献。

(戴有慧)

珍藏的记忆

——忆林世裕先生

一位哲人这样写道:许多人会在你的生命中进进出出,但唯有真正的师友将在你的心中留下脚印。

原《拖拉机》杂志编委主任李家琪深情地回忆到:林世裕先生在编委任内,审查每一期新出版杂志的全部文章,每期都给编辑部写上满满几页修改意见,内容涉及题意、摘要、英文、图形、公式推导甚至标点符号。这就是珍藏在汽车、拖拉机业内同行及学生们心中的林先生一丝不苟、实在做人、认真做事的永不消失的记忆。

记得与林先生的第一次见面是 1956 年 9 月,在对新生进行入学教育的那天晚上,地点在南京工学院兰园别墅式教师宿舍林先生家的客厅内。他一直站在家门口等待我们每一位与会者,那年他 33 岁,中等身材、学者风度、平和亲切。他作为南京工学院机械工程系建筑和筑路机械专业教研室主任组织召开师生代表座谈会,我是该专业第一届的新生代表之一(该专业一年级共 5 个班,每班一位代表),会议内容为征求制订该专业的培养目标及 5 年培养方案的意见。林先生给茶几上的茶杯添满水后说,"各人自便",并把培养计划分发给我们人手一份,厚厚的 10 多页稿纸,都是复写而成的,字是那么工整,与先生授课时的板书一样。那次虽是座谈会,但主要还是林先生讲解与回答问题,即使对于我们这些所谓代表的一些幼稚问题,林先生也是听之欣然,答之陶然。

林先生在机械零件与力学领域功底极深,他涉猎的知识很多、很广,但他毕生专心研究的仅有膜片(碟形)弹簧、自由轮机构及螺旋伞齿轮等。他的专著,尤其是膜片弹簧方面的专著,至今仍是业内最权威的著作。我有幸与范海荣、高翔和朱茂桃等老师一起,参与了林先生有关膜片弹簧的最后一本专著的编写工作。林先生搜集到国内外 60 多年的有关材料 300 多份,在对其作深刻研究的基础上,提出自己的见地,进行严密的力学和数学推导,工厂的工艺、试验、生产及使用验证,让我们清晰地看到学术高峰的构成,及构成这一高峰所付出的一辈子的追求及辛劳。林先生的学子们就深深地受其熏陶。记得在 2003 年,我校参与浙江省重大攻关课题——汽车电磁制动器关键技术研究及应用项目,与清华大学、浙江大学、吉林大学和浙江工业大学等角逐,就是由李仲兴教授带领,在孙玉坤、程晓农、全力、陈燎等教授的多学科通力合作和赵杰文副校长的全力支持下,查阅了 1942 年以来国内外相关文献共 500 多份,从而高起点地提出切实可行的技术路线并以高分胜出的。

林先生参加的最后一次学术活动是江浩斌博士的论文答辩,他对团队学术上的进步、对江浩斌博士的学术高度感到十分欣慰,赞叹不已,对自己以往未涉及的领域和技术,问得十分详细,仍保持着学者执著的风范。

在学生的心目中,林先生是恩师,是完美的学者形象。大学同学最近 20 年中每两年聚会一次,同学录不断更新,但后面备注栏里的内容总是不变:林世裕先生的生日是 1923 年 1 月 23日。林先生总是用欣赏的眼光看待学生,用心去欣赏每一个学生,发现学生身上独有的闪光点,从而因材施教。正因为林先生对学生满怀博爱之心,所以得到所有同学的崇敬与爱戴。

孔子曰:"君子有九思:视思明,听思聪,色思温,貌思恭,言思忠,事思敬,疑思问,忿思难,见得思义。"林先生不正是孔子所言的"九思"君子吗?

上天总是不会将完美赋予一个人,林先生的生活是无法再简单了,从建筑与筑路机械、机械设计及汽车、拖拉机、发动机专业的学习,到汽车、拖拉机的教学研究生涯,一直跟随着林先生的我,竟不知道林先生除专业工作之外还有什么其他爱好,有什么其他追求。在生命的最后几年,林先生对影像制作有着特别的偏爱,林师母担忧地告诉我,他从晚餐后到第二天中餐前,一

1986 年 11 月 12 日，林世裕在汽车离合器行业年会议上介绍《碟形弹簧与膜片弹簧设计（译文集）》的主要内容

直在收集和编辑影像，这一执著劲头与对待科研工作一样。林先生不会做饭烧菜。林先生在校的最后几年学会了煮面条和泡饭，对于自己的"杰作"，他总是吃得是那么的香，香气后面是林先生天真的微笑。真所谓"事能知足心常惬，人到无求品自高"。

（周孔元）

良师、益友、好领导

——忆翁家昌老师

学生时，翁老师教过我；20世纪60年代，我们两家合住过一套房子；我做教师、承担一些系里的工作时，他是教务处长、教学副院长。在与他接触的过程中，我真切地感受到，他真是一位良师、益友、好领导。

听翁老师的课，学生们注意力都很集中。因为他在讲课中会告诉学生所教内容的重要性；会说明它们在这门课程中的地位、应用以及对完善学生的知识结构和培养思维能力的作用等。记得他给我们上的课程是"汽车与拖拉机理论"，该课理论性很强，但我们都听得兴趣盎然。作为老师，翁老师总是循循善诱，为了培养我们这些青年教师，他曾经专门给我们上示范课，内容精炼，语言生动。45年过去了，至今我还记得他当时讲课的内容和讲课时的神态。

与翁老师相处，让人感到亲切、平等、随和。他是我的老师，后来又是领导，可在我的感受中，与他之间的关系最贴切的称呼应该是一位可信赖的朋友。我大学一毕业，翁老师就鼓励我上大课，还经常关心我教学中发生的问题，启发我去解决；对教学内容方面的问题，他也耐心讲解给我听。我工作中遇到困难，他总是耐心地鼓励我，并帮助解决问题。在我们一起住的日子里，尽管他是我的老师、领导，但他始终以平等的态度对待我，并主动关心我的家人和孩子。孩子长大后，还一直亲切地叫他翁伯伯。

翁老师积极、认真、负责的态度常常感染着每一位身边的人。1960年刚建校，从全国各著名大学，如北京大学、南京大学、天津大学、山东大学、复旦大学、华东师范大学等校分配的毕业生来我校任教各门基础课，他们大多刚走出校门，缺乏教学经验，翁老师决定把他们送到南京工学院相应的教研室去进修。我当时还没有毕业，就被作为材料力学的预备教师，任我校基础课部筹备组副组长，翁老师陪着我到南京工学院的相关教研室去落实培养任务，让我很受感动！

从学校筹建起，翁老师就担任学校的领导工作。名义上他是负责教学的，可实际上从学校的规划到专业设备、学校一整套教学管理制度和每个系（部）的组建，从各个教研组的建立到专业教师、基础技术课教师及基础课教师的培养，他都倾注了大量心血。翁老师真是我们学校建立初期的一位好设计师。

改革开放以后，翁老师还是我校外事工作的开创者。1980年，经他推荐和联系并报农机部、教育部、外交部批准，我校与日本三重大学、美国威斯康星大学建立了校际合作关系；同年，经农机部批准，在我校举办联合国亚太地区农机培训班，翁老师与高良润教授共同负责教学培训任务。他自编了英文教材，亲自给外籍学员讲课；此后他积极争取聘请外籍专家来校进行专业课和语言课的教学，并规划建设了外籍专家招待所。对选派教师出国留学和选修，他也做了大量工作。

翁老师积极、认真、负责的工作态度和谦逊、随和、真诚的为人，感染着他的学生和同事们。可以说，在学校他对我们这一代人产生了很大的影响。现在大家谈起他，还是对他非常尊敬，非常怀念。

（范海荣）

缅怀原镇江师范学校曹刍校长

江苏大学由原江苏理工大学、镇江医学院和镇江师范专科学校于 2001 年 8 月 28 日合并成立。江苏理工大学溯源于三江师范学堂,镇江医学院溯源于江苏省立医政学院,镇江师范专科学校溯源于江苏省立师范学校。三校均为历史名校,名师云集,英才辈出。

20 世纪 30 年代初,江苏省为了加速培养中小学师资和医政人才,于 1932 年将素负盛名的江苏省立镇江中学改为江苏省立镇江师范学校,由教育家曹刍任校长;于 1934 年创建了江苏省立医政学院,由当时江苏省政府主席陈果夫兼任院长。

曹刍,字漱逸,江苏扬州人,国立东南大学教育系毕业。曹先生是一位热情的教育家和爱国主义者。在担任镇江师范学校校长时,他治校有三条信念,简称"三不"。其一,聘任教师时,主张"任人唯贤",重德重才而不专重资格。镇江师范学校当年的国文、数学教师,有好几位并非大学或高等师范毕业,两位副教导主任是中师毕业,但他们有才有德,有专业著作,都是一时之选。其二,对学生重视正面教育,不用消极处罚的方式。学校对学生进行爱国教育、人格教育,对学生以道义相期勉。教师爱护学生,关心学生的成长,学生尊敬师长,形成良好的学风。其三,告诫学生不轻视自己,明确自己未来对国家承担的神圣使命是普及教育、提高国民的文化水平。他谆谆告诫学生,师范生在我国极为可贵,"才高为师,身正为范",师范毕业生是国家基础教育的柱石。当时,我国人口 80% 是文盲,在现代科学突飞猛进的时代,只有科学发达、文化普及才能使国家臻于兴旺。如果没有人承担基础教育,中等教育和高等教育就发展不起来,国力就无法提高。大家明白了这个道理,就不会"妄自菲薄",就会增长自己的志气。曹先生的这种"三不"精神,一直被学生奉为立志报国的楷范。曹先生还认为，"人有人格，国有国格"，大家都有高尚的人格，国格也就高了。中国先民以"贫贱不能移，富贵不能淫，威武不能屈"教育国人，便是人格教育的准则。他的爱国主义教育对青年的影响是深远的。抗日战争开始后，镇江师范学校学生有的参加抗日宣传，有的直接参加前方战斗，还有不少人以身殉国。

抗战初期，曹先生西行入川，曾任南充中学校长、重庆沙坪坝大学先修班主任；后任教育部中等教育司司长，主管全国中等教育，大力支持各省在战区内迁兴办的国立中学，为国家在抗战极端艰难的条件下，造就了许多优秀的人才，功莫大焉！

曹先生已逝世多年，他的德业和精神后人当永记心中。

（高良润）

流芳轶事

国际交流史上的光辉一页

在我校 20 世纪八九十年代的国际交流与合作史上，有着浓墨重彩的一笔——举办亚太地区农机网中小型农业机械制造培训班和联合国工业发展组织中小型农业机械制造培训班，为发展中国家培训高级农机工程技术人员，此举促进了国际技术交流，也提高了我校的国际知名度。

由于我校农机学科特色鲜明，早在 1980 年，就受亚太地区经社会组织、联合国工业发展组织，以及国家农机部、对外经济联络部的委托，成为国内第一家承担为发展中国家培养高级农机技术和管理人才任务的高校。从 1980 年至 1994 年，我校共举办了 12 期亚太农机网农机培训班和联合国工发组织中小型农机培训班，其中包括 4 期亚太农机网中小型农机培训班、8 期联合国工发组织中小型农机培训班（本文侧重于农机培训班，区别于研讨班）。

先后前来学习的有来自泰国、菲律宾、孟加拉国、缅甸、埃及、埃塞俄比亚、印度、尼泊尔、巴基斯坦、斯里兰卡、索马里、坦桑尼亚、乌干达、巴布亚新几内亚、南斯拉夫等 39 个国家的农机方面的高级技术人员 131 人次，遍布亚洲、非洲、拉丁美洲、大洋洲和欧洲。他们回国后有的成为国家农机部部长，有的成为农机企业家，有的成为高级农机技术专家。

学校对国际农机培训班非常重视，历届培训班负责人均由兼管外事工作的校领导担任，分别有翁家昌（镇江农机学院），金瑞琪、王德明（江苏工学院），高宗英（江苏理工大学）。下设教学和行政两个班子。教学班子历届负责人有：翁家昌、高良润、桑正中、刘星荣、李伯珩、李赐勋，陈翠英、崔淮柱等。行政班子历届负责人有：王云、李敏、卞焕铨、王月凤等。1986 年成立外事办公室和联合国学员培训部。教学工作由联合国学员培训部负责,金瑞琪兼主任,陈翠英、崔淮柱任副主任。其他工作由外事办公室负责,外事办公室副主任为卞焕铨、王月凤。此外,还专门成立培训办公室,从各系抽调最强的教师担任教学工作,用英语讲课和指导实践,并专门编写了 9 门课程的 13 本英语教材、7 份设计指导书和参考资料、7 份实验和工厂实习指导书。为了改善学员的学习和生活环境,1982 年学校还建成临江楼。临江楼背临长江,红瓦白墙,茂林掩映,环境十分幽静,楼内设有教室、会议室、客房、食堂,楼前草坪可供学员娱乐、休闲。

前来参加培训的学员都是各国具有农业工程系或机械工程系毕业的或同等学力并有 5 年以上从事农业机械方面工作经历的工程技术人员。培训班每期 3 个月,前期为课堂教学和实验。老师为学员具体讲授各种小型农业机械等 9 门课程,通过课程使学员掌握各种农业机械的结构、性能和设计要点,并熟悉它的制造工艺。学员们一致认为中国的教学工作是成功的:教学质量和教学设备都很好,老师们工作认真,教学经验丰富,讲课水平高。学员们对学习内容和生活安排也都很满意。

在后面的时间里,安排的是实习和课程设计。学校安排学生在本校实习工厂和附近中小型农机工厂实习,实习期间,各实习工厂还进行了各配套机具的田间工作性能表演。通过实际操作使学员们掌握常用农机的制造工艺过程、产品的检验,从而学到各厂的新技术和新工艺。不少学员实地参观了各厂生产的插秧机、收割机、手扶拖拉机、脱粒机、小马力柴油机后认为很有收获,认为中国南方有很多中小型农业机械对亚非拉等国很适用,中国一些中小型农机具厂的生产方式、制造工艺也有不少值得借鉴的地方。课程设计主要让学员结合本国情况设计小型农机具以及制造用的夹具、模具。

学校十分关心培训班各国学员的生活,尊重他们的风俗习惯,组织郊游,组织各国学员联欢,也组织他们参加学院的节日庆典活动,为学员过生日,培训班的生活既紧张又活泼。

为期 3 个月的培训学习使学员们学到了有用的农机生产技术,也加强了东南亚国家及太平洋地区农机设计制造技术的交流,增进了彼此间的了解和友谊。在结业时很多学员都很兴奋,他们觉得在培训期间学到的东西不仅对其本人有很大帮助,而且也会大大有助于他们的国家。他们纷纷发表感想,赠送锦旗和纪念品。泰国学员苏丁·萨克拉努克(Satin Sakranukit)对老师表示感谢:"我在这里所受到的训练,对于我将来致力于泰国农业机械化的发展是非常有价值的。"菲律宾学员克秋拉(A·Bcachuela)在学习结束时表示:"为了加深中国和菲律宾及世界上其他国家之间的相互理解,增进我们之间的友谊、合作和思想交流,希望培训班继续办下去,而且越办越好,以促进东南亚国家及太平洋地区农业机械的发展。"

在办班过程中,为了完善教学计划和深入了解教学效果,1984年11月翁家昌副院长率领桑正中、李汉中、王月凤等4人小组赴菲律宾和泰国考察;1988年9月张世伟副院长和联合国学员培训部副主任陈翠英率团访问菲律宾和泰国,以不断提高办班质量。

由于培训班效果明显,各国都希望中国继续举办此类卓有成效的培训班,并向亚太地区农机网和联合国工发组织反映了这一要求,亚太地区农机网和联合国工发组织官员亲自到学校考察,对我校表达谢意,并请求继续举办培训班。后来,由于经费原因,培训班没能继续举办,即使这样,其作用也已不容小觑。培训班为我校国际交流与合作史上增添了光辉的一页,它的举办为发展中国家培养了一大批农机管理和技术高级人才,为中国农机产品打入国际市场扩大了影响,更提高了我校的知名度,为我校国际化工作开创了新局面。

(吴奕)

茉莉芬芳　友谊长存

——原江苏工学院对日汉语培训班纪实

1988年9月，日中和平友好协会负责人村田喜久吉第一次来到江苏工学院参观考察，说明许多日本人都对汉语有着深厚的兴趣，如果学校愿意开办对日汉语培训班，他愿意协助。

村田喜久吉曾是日本侵华战争时期的日军空军机械师，在战争期间被俘。由于他对日本侵华战争有着深刻的反思，所以愿意留在中国，新中国成立后他便在沈阳空军航校担任教官，为中国空军培养了一批优秀人才。待培训使命完成后，他才返回日本。

对中国，他始终抱着一种负疚的心理，对中国人怀着真挚情感，在日中两国间开展着各类民间友好活动。

村田喜久吉提出这一建议之后，学校当即表示非常感兴趣，愿意积极启动这一工作。

说干就干，村田先生很快提出了具体可行的操作方案并担任了汉语培训中心的名誉主任。由他在日本负责招生、收费，然后送来学校进行培训。

1989年3月，首批5名日本学生由村田先生亲自送到学校，时任江苏工学院外办主任的卞焕铨老师负责相关教学管理与接待工作。这批学员年龄最小的20岁左右，最大的近70岁。他们怀着对中国文化的浓厚兴趣，开始了在我校的学习生活。根据学员的特点，学校精心组织教学，选派优秀教师承担汉语、书法、绘画、民乐、太极拳等课程的教学任务。学员们兴趣盎然，在课外与任课教师都成了好朋友。苗芊萍老师教他们唱民歌，每次学员们都学得非常认真。苗老师选择了一首极具中国特色和江南水乡韵味的民歌《茉莉花》，学员们非常喜欢，每次课堂上都会响起热烈的掌声。他们在《茉莉花》的旋律中感受着中国,认知着中国文化。音乐无国界,音乐迅速拉近了师生之间的关系,也筑起了两国文化交流的友谊之桥。后来中国国际广播电台还专门为这些日本学员录制了由他们演唱的《茉莉花》进行播放。蒋玲老师教他们学中文,从拼音入手,从语音语调教起,学员们很快便学会了基本的汉语会话。学员们非常注重礼节,每次上课都会带一些小礼物来送给老师们,而老师们也会选择一些具有中国特色的小礼物回赠。

在学习期间,学员们有4周时间上课,1周时间在中国进行参观游览。对中国怀着深厚感情的村田先生还亲自陪着学员们去南京大屠杀纪念馆参观,面对着一幕幕触目惊心的历史真相,学员们神情凝重,沉默不语。这样的活动确实让学员们更好地了解了这段历史。卞焕铨老师回忆说,如果不是村田先生主动提出去参观,作为中方,安排这样的活动还是有些顾虑的。学员们还在老师的带领下游玩了镇江金山、焦山、北固山,足迹踏遍了镇江的山山水水。

这样的培训班先后举行了7届。每一次村田先生都亲自送学员们到校,为培训班的成功举办倾注了大量的心血,给我校外

汉语培训班学员在学习书法

办的老师们留下了深刻的印象。

　　卞焕铨老师回忆说，对日汉语培训班的成功举办，开启了我校对外教育的先河，为后来学校申请招收留学生打下了基础。对日汉语培训班也确实让这些学员们了解了中国，了解了中国文化。5周的时间，学员们在这所学校里生活，对这所学校也充满了感情。有的学员在回到日本后还举行了中国情况报告会，向日本人介绍他们在中国的所见所闻，主动担当两国民间友好交往的使者。多年后，仍有学员与卞焕铨老师保持着密切的联系。德岛市的新居梅子、吹田市的小林太一、大阪府的栗本由美子等还常在新年之际寄来贺卡、写来信件表达对老师的问候与关心。

　　1992年10月底，江苏理工大学校领导蔡兰、高宗英一行去日本访问，学员们得知后，主动到机场去迎接，并在大阪设晚宴款待他们。

　　友谊的种子播洒在中日两国的大地上。多少年过去了，《茉莉花》的旋律始终萦绕在学员们的心灵深处，芬芳如昨。

江苏理工大学日中平和友好会'98汉语短期培训班师生合影

（口述：卞焕铨、苗芊萍；整理：朱玲萍）

在前苏联留学的日子

新中国成立后的五六十年代,国家建设和发展急需大量人才,我国选拔了近 2 500 名优秀的大学本科毕业生和青年专业技术骨干,派遣到前苏联等东欧国家留学,学习国外的先进技术以便回国后更好地参与国家建设。这些学生经过严格的政治审查、业务培训和外语培训后方能出国,在国外研究生院或大学学习 3 年半至 4 年时间。我校金中豪教授就是众多留苏学子中的代表。

1956 年,金中豪从北京农业机械化学院农业机械化专业本科毕业,经过政治审查、体格检查和入学考试后被正式选拔为留苏预备生。他在北京俄语学院(现北京外国语大学)学习了一年俄语,由于 1957 年前苏联方面要求留苏学生必须具备两年以上的实践工作经历,他又被分配到陕西拖拉机站工作了一年半(原计划为两年),后来又回到北京学习了一年俄语,与前苏联相关学院对接上课题后方确定出国日期。虽然其中经历曲折,但时隔 50 多年,金中豪还清楚地记得,在新中国成立 10 周年之际,他作为留苏学生在天安门广场列队观看国庆庆典游行。那一刻,作为一个中国人的自豪感更加激励他出国后好好学习相关知识,为祖国建设多出一份力的豪情。

1959 年 10 月 23 日,穿着统一发放的中山装,带上简单的行李,金中豪坐上了火车奔赴前苏联,辗转 7 天 7 夜后到达莫斯科,而后再转车来到了位于列宁格勒市(现名彼得格勒)郊区普希金城的列宁格勒农学院。无暇顾及异国的绮丽风景,同期到达的留学生们立刻与自己的导师见面,制订学习计划。在前苏联学习的 3 年半时间内,第一年学生要学习俄语和专业课,通过考察后方有资格做论文;第二年要确定论文方向、实地考察、做实验;第三年要撰写论文;第四年要准备论文答辩。列宁格勒农学院对留学生的管理非常严格,每星期都要求学生与导师见面,汇报学习情况和学习计划,交流学习体验。

对于在前苏联的学习生活,金中豪印象最深的有两个阶段:第一个阶段是为期一个月的在列宁图书馆看资料阶段。列宁图书馆位于莫斯科,是世界上著名的图书馆之一,因此列宁格勒农学院专门让研究生花一个月的时间去那里查看文献资料。列宁图书馆的专业资料多得以千万计,中国学生基本上都是把中午的干粮带进馆内,一呆就是一整天,直到闭馆才离开。当时中苏关系已开始恶化,图书馆内涉及保密内容的一切资料都不准外借,学生做的笔记也不允许外带,中国学生就把需要的资料记在脑子里,一回到宿舍就做笔记记录下相关内容。虽然中苏两国关系紧张,但是前苏联人民对中国留学生非常友好,因为他们都知道中国留学生学习刻苦,生活俭朴,在外国留学生中考试不是第一就是第二,他们很欣赏也乐于帮助这些学生。第二个阶段是实验阶段。留学生有 1 个月的时间去前苏联相关实验场所参观考察,金中豪就去过乌克兰等多处农场实地考察,这为他后面的实验和论文打下了坚实的实践基础。

当时,我国对留苏学生在苏期间的行为有很多规定,例如:不得单独参加前苏联的群众活动,如舞会、集会等;在参会中如果听到涉及我国国家、政党以及国家领袖的不当言论,必须当场反驳,以正视听;不得与前苏联人谈恋爱;论文必须按期保质完成,3 年半的学习时间一到就必须回国,所以在此期间要尽可能高质量地完成论文。

学生在苏学习的同时,每周六晚都要参加政治学习,认真阅读《人民日报》、党的内部材料等。金中豪在本科二年级时就已经入党,作为一名政治觉悟高的老党员,他担任了所在农学院中国留学生的党支部书记。一次农学院召开外国留学生座谈会,邀请列宁格勒市宣传部部长宣传苏共二十二大会议的精神。在这次大会上,由于赫鲁晓夫在政治报告中攻击了阿尔巴尼亚劳动党及其领导人,中国代表团团长周恩来根据中共中央的指示在大会致词中对此加以谴责并提前回国,本来已经缓和的中苏关系又紧张起来。在校的 4 个中国留学生预见到市委宣传部部长肯定要在座谈会上宣传苏共的修正主义，他们在会前就做了详尽的准备，一个人负责会议记录，两个人准备反驳的稿件，金中豪负责发言反驳。最终，在座谈会上，金中豪的出色发言驳斥得列宁格勒市宣传部部长哑口无言。

在前苏期间，每个留学生有 70 个卢布的生活补贴，除去学习费用、吃饭和生活所需，国家鼓励学生尽可能地购买相关专业书籍，在此之外剩余的卢布要求学生上交，回国机票也均由自己购买。金中豪回国时带回了 400 多斤重的图书。

1963 年 5 月，在通过严格的学位论文答辩后，金中豪获得了前苏联副博士学位（相当于我国的博士学位）顺利回国。一到北京，留苏的学生就全部集中到北京外国语学院翻译自己的毕业论文，耗时两个多月，而后翻译稿交到北京图书馆存档，并由国家专家局分配工作。经时任镇江农机学院教务处处长的翁家昌教授引荐，金中豪来到当时的镇江农机学院工作至今。

除金中豪外，我校有留苏经历的老师还有高行方、李树德、王锦雯、陈元生、王德杉、孙一源、李标麟、张融甫、沈齐英、林述银、刘星荣等。留苏经历成为他们人生的宝贵财富，以此为起点，他们回国后大都成为科技、教育、经济和国防建设各条战线上的专业技术骨干和学术带头人，为社会主义建设作出了重要的贡献。

（吴奕）

一份全国政协优秀提案

食品安全问题事关人民群众的切身利益，近年来，恶性事件却频频出现。这一现象引起了我校吴守一教授的关注和思考，作为学校农产品加工工程学科的前任带头人，全国政协第八届、第九届委员，他想到了自己在2002年全国第九届政协五次会议上提出的《迎接WTO的挑战，尽快实施农产品标准化生产》提案，认为现在对农产品生产的标准控制还不够规范和严格。

该提案被评为第九届全国政协优秀提案。回忆起提案产生的时代背景，正是我国加入世界贸易组织（WTO）伊始，这既是难得的机遇，又是前所未有的挑战，但是中国作为农业大国，农产品生产的标准却少之又少。随着经济社会的发展，环境恶化，农产品污染加重，食品安全问题经常出现，这些现象和我国农产品即将进入世界市场的时代大背景极不相符，加速农产品生产标准的制定、检测和控制，加强食品安全管理势在必行。

我校最早于1983年创办了农产品加工工程专业，1986年获得硕士学位授予权，1991年吴守一教授被国务院学科评议组特批为全国农产品加工工程学科的第一位博士生导师，两年后我校农产品加工工程学科获得博士学位授予权。依托这样的学科和研究背景，吴守一认真分析问题产生和形成的原因，他清晰地认识到，解决食品安全问题的关键在于食品原料（即农产品）在生产时必须要有标准控制，使生产者、经营者和管理者有法可依。他在提案中建议，从农产品播种、收割、加工到包装进入市场，每一个环节都要设立严格的标准，使市场上的产品能够提供"从哪里来、由谁提供、怎么生产"等具体信息，真正做到让消费者放心。

如今,已退休在家的吴守一教授不忘关注社会热点,越演越烈的恶性食品安全事件也让他有了新的思考:在食品安全方面,完善相关法律法规,真正做到有法必依,执法必严,违法必究,但同时,道德的缺失与诚信的滑坡也让人警醒,社会文化建设特别是道德文化建设也是不可或缺的。

(吴奕)

先想为国家做什么

——记江苏理工大学志愿去酒泉工作的毕业生

1981年,江苏理工大学校园里有一个闪光的话题令师生们十分振奋:继1980年4名学生志愿去酒泉工作后,又有4名毕业生志愿踏上西行之路。

这4名学生是:电气专业陆健霞、计算机专业袁兴国、机电一体化专业沈全富和贡小庚。

志愿去酒泉工作的学生出发前举行了庄严的入党仪式

第一次听到"嫦娥奔月"的故事,陆健霞就想:我要是也能上天,该有多好啊!可妈妈告诉她:那是神话。长大了,陆健霞第一次自己阅读了"登月计划",那是一个真实的上天之梦,但却是由美国人实现的。1980年,学校4名同学去酒泉卫星发射中心工作的消息,再次激起了陆健霞心中的波澜:"这不仅仅是我个人的登月之梦,而是全中国人的登月之梦。我渴望成为实现中国登月计划的普通一员,让青春在高高的卫星发射架上闪光。"陆健霞毫不迟疑地向学校递交了她的志愿申请。

当得知1994级4名同学志愿去酒泉工作时,来自浙江慈溪的沈全富就曾反复地问过自己:"如果有同样的机会,我会做什么选择?"1980年下半年,学校利用橱窗展示了1994级学子来自酒泉的消息——高高的发射架、简朴而整洁的营房、学子的英姿和心声……几个晚上,沈全富辗转反侧,难以成眠。他开始与1980年去酒泉的毕业生石勇同学书信往来。一封封信在酒泉与学校间穿梭,沈全富的抉择日益坚定。有同学替他惋惜:你已是连续两年校三好学生,又是学校优秀毕业生人选,凭你的优势,未来的前途一定是光明的。沈全富坦然地笑了:"我之所以选择酒泉,是因为我感到那里有我的责任,那里能最好的实现我的人生价值。"

对于来自丹阳农村的贡小庚来说,这更是一个不寻常的选择。当时贡小庚的父母都已是60好几的人了,靠着几亩责任田维持生活,为了给贡小庚提供在校读书的生活费,父亲经常要捞些螺蛳去卖……在无法确定能否去酒泉之前,贡小庚去了丹阳市机电公司,该公司领导表示:只要愿意,机电公司下属的所有单位任你选择。虽然机会很多,可穿上橄榄绿,做一名国防科技人这条路却像磁铁一样吸引着他热切地等待着。终于,盼望已久的电报春节前到了。手捏着电报,看着满脸皱纹、鬓发已白的母亲,看着已隆着背、步履蹒跚的父亲,看着被林立的楼房包围着的自家那几间全村已很少见的小土屋,贡小庚心里充满了对双亲的愧疚,一次次欲言又止。多少个不眠之夜,贡小庚为自己设想着一个个能说服父母的理由。然而,听说了此事,母亲还是泪流不止,父亲整天低头不语,春节好几天,家中没有一点欢声笑语。亲戚朋友被贡小庚请来了,在外地工作的哥也被搬回来了,学校的老师也登门拜访……父母终于想通了。谈起父母,贡小庚十分动情,他说:"天下父母的伟大就在于能为自己的子女作出巨大的牺牲。我只有在新的岗位上尽我最大的努力,好好工作,才能报答我的父母、我的祖国。"

袁兴国是江苏如皋市人,"时髦"的计算机专业使他早早地就找到了一个"时髦"的"婆家"——如皋市中国银行。再说父母也就他这么一个儿子,满心希望他能学成回去,共享天伦之乐。然而,他却选择了遥远的酒泉。"为什么?"父母、亲友、同学这样问,袁兴国也曾一遍遍地问过自己。他想得很实在:"作为一名国家培养的大学生,我总觉得应该先想为国家做些什么。酒泉条件是艰苦,但对于我们这代年轻人来说,缺乏的正是艰苦的磨炼,这种磨炼,会使人终身受益。"

(高鸣)

在历练中成长

——记镇江农机学院第一支男子排球队

1962 年 9 月,镇江农机学院历史上第一支男子排球队组建成立。

1961 年刚建院的镇江农机学院,由于地处偏僻,学生课余生活十分单调,唯一的体育运动就是跑步。每次体育课,大学生们从现在的校职工医院处出发,沿途经过长江大堤,一直到现在的镇江市第二监狱,再折道返回,走跑交替,形式单一。于是,当时的院领导陈云阁提出要让学生的文化生活更丰富的号召,第一支男子排球队应运而生,同期组建的还有田径队(男、女)、男子足球队、男子篮球队。

第一支排球队队长、我校 1961 级内燃机专业学生裴宗澄(曾任上海柴油机厂厂长)回忆了对排球队印象至深的三点。

一是从零开始,白手起家。建院初期,排球队没有队员、没有场地和设施、没有队服,甚至没有排球。

二是从无到有,自力更生。在起点低、条件差的情况下,排球队开始了自力更生的生涯。当时进校的学生在高中阶段基本没有接触过排球,老师们在 1961 级、1962 级学生里慢慢物色体育爱好者和积极分子,1962 年,6 名队员到位。师生们想方设法找来了两个橡皮排球,黄土地上,网一拉,线一划,排球场地初具形状,老师和队员们便一齐上阵,开始在黄土地上和排球摸爬滚打起来……

三是从严治队,刻苦训练。20 世纪 60 年代是国家经济困难时期,吃饱穿暖已是难事。队员们对能够参加排球队,深感光荣。老师们严格要求,年轻的小伙子们不辜负机会,齐心协力,饿着肚子进行艰苦的扣球、拦网训练。业余训练的同时,排球队也系统地吸收国内外强队的战术体系与训练方法,一支战术灵

1964年,校男排部分队员合影

活的新生力量在不断成长……当时的教练黄东山老师回忆起来十分感慨:这支男排队员能吃苦,训练中你争我赶,哪怕是迎考期间,也不会有一个人缺席;训练之外,队员们又如饥似渴地学习文化知识,每一位队员的文化成绩都非常棒,让老师们深感欣慰。

男排建队后首次参加两年一次的镇扬协作区比赛并一举获得冠军,后来一直保持协作区冠军的名次,多次代表协作区参加江苏省比赛。1965年,我校男子排球队参加在江苏师范学院(苏州大学前身)举行的江苏省大学生排球锦标赛,与当时实力较强的华东水利学院(河海大学前身)等9支代表队对阵,首次参赛就获得第五名。连当时的锦标赛裁判都感叹:建队时间短,比赛次数少,没想到镇江有这么一支了不起的排球队!

艰难困苦,玉汝于成,第一支排球队队员们在走上工作岗位以后,很多都成为行业的中坚力量,他们深深地怀念当年的球队生活,怀念在镇江农机学院这片土地上,师生同学习、同劳动、同训练的美好的青春年华……50年过去了,在几代人的共同努力下,我校体育运动水平也在不断提高,从第一支男子排球队的建立,到成为国家青年排球训练基地,学校男子排球队、女子足球队、女子沙滩排球队等运动队在国内外比赛中均取得了优异成绩:2010 全国大学生排球甲级联赛男子排球冠军，2009 泛印度洋亚洲大学生运动会女子沙滩排球比赛冠军，2008 世界大学生女子足球(室内)锦标赛第三名，2007 全国大学生排球超级联赛男子排球冠军，2005 全国大学生男子排球锦标赛冠军，等等。运动队的每一次荣誉背后都蕴含着历练与成长，每一次进步更让师生感到无限光荣与自豪。

男排队员在训练中

（李红艳）

《风雨下钟山》里的民工队

1982 年,我校部分干部、师生参加了八一电影制片厂的影片《风雨下钟山》的拍摄。当时参加拍摄的经历令人难忘。

1982 年 4 月 19 日中午,18 辆军车载着解放战争年代苏北、山东装束的"民工队",渐次由我校开出,奔驰在镇常公路上。由我校 600 多名师生装扮成的"支前民工队",正赶往丹徒县大港公社,参加八一电影制片的彩色宽银幕故事片《风雨下钟山》部分镜头的拍摄工作。

4 月 2 日,八一电影制片厂和镇江地区领导联合召开紧急会议,要求我校、原镇江船舶学院、原镇江师范专科学校、医专等单位和丹徒县出动 2 000 多人,组成一支"支前大军",配合八一电影制片厂的拍摄工作。我校接到扮演支前群众的任务后,各系、部等单位纷纷准备服装,有的翻箱倒柜,有的到附近农民家

参演影片《风雨下钟山》

里去借，还有的回扬中、武进、宜兴老家去借来了大量的服装，短短三四天工夫，一支600多人的支前民工队就这样组成了。八一厂的领导来校察看后，非常满意。

拍摄当天下午3点半钟，子弟兵的炮兵、骑兵、步兵和民工队数千人，沿着公路、田间小路分头并进，绵延近一公里。红旗猎猎，炮车隆隆，车轮滚滚，扁担悠悠。这一情景，仿佛把人们又带回到了30多年前的战争年代，重现了军民团结一致埋葬蒋家王朝的壮观场面。直升机上的摄影师，抓住时机，抢拍了这一镜头。

4月10日、11日，我校还有部分同志及附属学校的一些学生继续赶往拍摄现场，协助八一厂拍摄小镜头。他们分别扮演了担架队和夹道欢迎子弟兵的村民。他们亲热地把开水送到"急行军的战士"手中，小朋友把煮熟的鸡蛋硬塞到"解放军叔叔"的口袋里。真是军爱民，民拥军，军民鱼水一家亲。

拍摄完毕，同志们尽管感到有些劳累，但听到八一厂的领导同志说这次拍摄获得圆满成功，大家都感到十分欣慰。

（任建波）

学院深入开展"向老山前线战士学习"活动

1985 年 10 月，老山前线战士给中国文联出版公司的青年发来一封信，中宣部为此加了按语，全文如下：

中共中央宣传部按：中国文联出版公司党、团支部就以云南边防前线老山英雄报告团讲述的英模事迹组织学习座谈，并以团支部的名义给老山战士们写慰问信，寄赠了各种书刊 2 000 多册。不久，他们收到充满边防战士胸怀祖国的豪迈激情的长信和 50 册《镌刻在焦土上的诗行》。他们把书和信分给职工阅读，让大家从诗行中体味"泡着硝烟的苦涩，染着炮火的红光，洋溢着战争中军人特有的追求、思索以及广阔的情怀"。这次活动在文联各协会机关青年中引起了反响，大家认为这是一种现实的、可以有效提高青年思想认识的好方法，对于引导青年积极向上，端正为人民服务的思想，树立正确的人生观和远大革命理想，起着良好的作用。这个经验值得重视，给我们以启发。这不是说大家统统都要去同老山前线的同志建立直接的联系，以致增加那里的负担，而是要提倡这种互相学习的精神和方法。我们不单要向前线战士学习，为他们服务，同时也要向一切在艰苦条件下为四化建设作出突出贡献的地区、单位和个人学习，并把对他们的崇高敬意和全部热情倾注到自己为人民服务的工作中去。要以这样的互相学习、互相服务和互相激励，作为我们不断前进的动力。

随即，学校党委发出通知，开展"向英雄模范学习 为振兴中华献身"的主题活动，进行理想纪律教育和党风党性教育，加强社会主义精神文明建设。通知一经下发，全校各单位积极响应，积极组织学习文件、听老山英模报告，号召全院师生员工以战斗在老山前线的英雄为榜样，紧密联系本单位和本人的实际，开展"理想与献身"的专题讨论和演讲比赛等一系列丰富多彩的活动,并积极推进"寄语前线"活动。校各党支部安排了讨论,学生党支部在座谈时,紧扣"理想与献身"这一主题,联系个人的实际开展讨论。1982级学生党员在发言中表示要抓紧最后一年的学习时间,努力学好专业知识,自觉地服从国家分配,为实现"四化"作出自己的贡献。1983级、1984级学生党员表示,要以老山前线的同龄人为榜样,认真学习,以优异成绩向他们汇报。1985级学生党员花银群同志结合自己在部队服役期间的亲身体验,讲述了作为一名军人特有的感情,他希望战士们的流血和牺牲会得到应有的尊重和理解;同时作为新同学,他表示要以前方战友为榜样,做到自豪地跨入大学,也同样自豪地迈出大学。各年级学生根据自己的特点,以举办演讲会、讨论会、写心得体会等不同形式深入推进"寄语前线"活动。同学们还将演讲会的实况进行录音,并整理、翻录,作为礼物赠送给了英模报告团的英雄们。

"寄语前线"系列活动开展得轰轰烈烈,《人民日报》、《解放军报》等多家国家级媒体报道了学校"寄语前线"活动。

(任建波)

江海拾贝

——忆在江大学习和工作的 18 个春秋

我的 1974

1974 年 10 月,我被镇江农机学院机械制造系工艺及装备专业 742 班录取。至今,在我的家庭档案柜里仍保留着"镇江农业机械学院新生入学注意事项"、"镇江农业机械学院革委会政工组的家庭经济情况调查表通知"以及"镇江农业机械学院团委和学代会(筹)1974 年 8 月 28 日的欢迎词"。当年,我是江苏泰兴机床厂三金工车间的一名工人,是普通老百姓家庭出身,无任何政治背景。而那时的招生环节是:基层考察—全厂推荐—文化考试—择优录取。我是高中毕业生,得到全厂工人的一致推荐,到县里考试又以优异的成绩脱颖而出。但最后收到的却是一份扬州水利学校(中专)的入学通知书。当时全厂工人集体到泰兴县委帮我"讨说法",我个人也专程到扬州区委招生办公室了解情况,并表明态度:中专我是不会去上的!

苍天不负有心人,当时扬州区委招生办副组长薛为民接待了我,恰恰镇江农业机械学院还有一空额,于是我被镇江农业机械学院录取,这份录取通知书整整晚到了一个多月。后来,到学校才知道,当时去扬州地区招生的是王来生、韦祖森老师,真的要谢谢这二位老师。

跨进学校大门,迎面就是五棵松树,我久久地注视着这五棵松树,不由得想起中学时读过的陶铸的《松树的风格》:"要求人的甚少,给予人的甚多","为人民的利益和事业不畏牺牲的共产主义精神","像松树一样具有坚强的意志和崇高的品质"。我当时有一种直觉:这高大挺拔的五棵松,生机勃勃,傲然屹立,就像镇江农机学院无声的校训。以后,每每散步到基础课楼前,这五棵松树都会给我以启发和勇气。

无穷小量求和——忆高等数学老师陈林发

入学第一天上高等数学课。陈林发老师个子瘦小，声音不大，讲台上放着他上课计时用的一个小闹钟（当时买块手表比较贵，而且还需要专用券）。开讲后，他竟然讲起分数相加——通分（因为当年班上确有小学毕业生），这着实把我一下子搞愣了，怎么办？只好自己赶进度。课间，我请陈老师推荐几本高等数学的入门参考书。记得当时他看了看四周，细细的眼睛向我眨了眨，在一张草稿纸上匆匆写下几个字：《无穷小量求和》，（德）N.纳汤松。我立即冲下楼去图书馆借书。当时的图书馆在基础课楼底楼，由几间教室拼凑而成，工作人员几乎没有一个是图书馆专业毕业的，但对我们新生都比较热情。听说其中有几个都是历次运动中"有问题"的老师，当然，他们后来都"解放"了。

拿到书，我如饥似渴，只用了一个晚上就全部看完了。从此，我对高等数学兴趣大增。"无穷小量求和"，深深地镌刻在我的思维中，影响着我一生的行为。纵观人生，健康、事业、家庭，无一不是无穷小量求和的过程！1996 年我在 XEROX 公司高层年会上曾用"牛顿－莱布尼茨"高数公式为导引发表演讲，然后通俗地指出："每年收益一次的是高管，每月收益一次的是员工，每天都有收益的是卖菜的，干活就有收益的是零工。收益大小与机会多少成反比，与结算周期成正比。"其实，这与中国古训中荀子的"不积跬步无以至千里，不积小流无以成江海"有异曲同工之妙。

直到今天，我仍然教育自己的孩子、身边人和员工，做事做人都要有一种"无穷小量求和"的精神，人生，就是一个从零岁到 100 岁（假设能活到 100 岁）的定积分，锲而不舍，水滴石穿。谢谢陈林发老师！

担任 77 届电工师资班辅导员

我是 1978 年 2 月毕业留校的。当时，正值高考制刚刚恢复，1977届、1978届相隔半年进校，为弥补师资力量的严重不足，当校决定让我们1974届留校老师继续进修半年，主要是补修基础课：高等数学、工程数学、物理、外语等；同时，分别设立数学师资班、力学师资班、电工师资班等。由于我当时已被分至电工教研室，基础课部领导蒋益洲老师找到我，要我担任1977届电工师资班的辅导员，该班学生都是高考中分数较高的。当时的班长是王德明，学生有孙玉坤、包可进、丁公元、仇向阳等。由于年龄相差不大，我与他们没有多少距离感。一起开短会，也一起政治学习，学习内容多是时事政治，当然也学习《论共产党宣言》、《论费尔巴哈》、《反杜林论》等文献。查阅我那个时期的《辅导员工作随记》，其中有一段记录：著名科学家钱学森非常关心大学生的德育教育，他在《文汇报》1980年9月29日发表的《从社会科学到社会技术》一文指出："思想政治工作的科学可以称为马克思主义德育学。它是以马克思主义哲学，辩证唯物主义和历史唯物主义为指导的。其基础是政治经济学、心理学、伦理学、社会学和教育学等。我们也要吸取历史上可以为我们所用的东西。我们一定要早日建立这门德育学。德育学属于现代化社会科学，也当然是社会科学现代化内容之一。"由此可见，恢复高考后，大学生政治德育工作也还是有要求的。我当时对同学们强调的多是理想、坚强、信念、报国。这与今天的育人为本，德育为先，还是有一些相似之处的。回忆在我当辅导员期间，1977届电工师资班的学生没有沉迷于"谈情说爱"，也没有什么"心理问题"，更没出现什么"心理障碍"。我这个辅导员当得也比较轻松，大家周末一起到郊外去游玩，到了节庆还组织全班搞娱乐活动。同学之间相处比较和谐，学习上相互帮助，生活上相互关心。令人欣慰的是，后来这批学生中有不少人出国深造，有的还走上了学校领导岗位。

与张璧博士一起看反幕电影

张璧现为美国康涅狄格大学机制系终身教授，2009年12月受聘为江苏大学兼职教授。1978年—1982年间，他还是我校

1977届农机班的一名普通学生,当时我担任他们班的"电工学"助教。他是江都县的农家子弟,出身贫寒,为人虚心肯学,学习成绩一直名列前茅。中午他常带着借来的三洋牌按键式单放录音机,在基础课楼前的草坪上学外语,常常看书到很晚,记得在他复习考研究生时,因为无钱买一套《研究生高等数学习题集》(上、下册),他竟把两本书全部抄下来!我被他的这种精神感动了。为了使他有一个安静的复习环境,我这个小助教破例让他到我的办公室学习。平时的晚上可以,但一到周末,由于当时动力楼下面是全校开会和放露天电影的广场,若上面开着灯,就会影响电影的放映效果。于是,我们两人只好关掉灯,悄悄地在楼上窗台边看反幕电影。直到现在,与卓有成就的张璧博士谈论往事时,还常常笑谈看反幕电影的经历!那时,跟他情况类似的还有1977届农机的缪冶炼(后考取日本筑波大学博士)、1977届电工师资班的丁公元(考取清华大学博士生后出国)、1978届机制系王野平(后考取上海交通大学研究生)等。在那个特定的年代,我以一个小小助教的微薄之力,或多或少鼓励和帮助过他们。时至今日,他们中绝大部分人还与我保持联系。作为一个工农兵学员出身的助教,看到他们今日的成就感到莫大的欣慰。就像我的启蒙老师看到我的成就一样。

学生时期,老师一句鼓励的话语,一个期待的眼神,就有可能影响他们的前途,为他们开启一扇通往理想的彼岸之门。教育界流传着这样一个教育案例:心理学家罗森塔尔随机挑出一批学生作为"最有前途者",然后将名单交给班主任,由于老师对这些学生寄予更大的期望,8个月后,这些学生的成绩明显提高。可见,人才成长是有一定规律的。

今天看来,江苏大学1977届、1978届、1979届毕业生中之所以涌现多名像蔡东、秦全权这样步入社会后卓有成效的企业老总,除了他们自身的潜质和后天的努力之外,与当时学校的校风、校纪及老师们的无私诲人有一定关联。哈佛大学一直在为美国政界、商界、学术界输送大量的领军人物,而这些政界、商界、学术界的巨子们又反哺母校,以巨资捐赠母校,以精神激励晚辈。我想,江苏大学在校舍简陋,学生数不足 3 000 人的那个年代,尚能培养出像李盛霖、江泽林等令学校骄傲的校友,那么,相信今天江苏大学每年 3 万~4 万名在校生中,一定会在未来的 10~20 年中涌现出更多的杰出人才!有一句话说得好:"今日我以母校为荣,他日母校以我为荣!"这就是教育的真谛!清华大学前校长梅贻琦先生曾说:"大学之大,非大楼之大,乃大师之大。"此乃精辟之言。

我为江苏工学院赢得一个全国一等奖

时光倒流到 1982 年—1983 年,那时我校 1977 届、1978 届学生纷纷毕业,工农兵学员的时代功能已完成。于是,1972 届至 1976 届的工农兵学员就像士兵转业一样,纷纷调离教学岗位,充实到学校各行政管理部门,我也被"转业"到我校图书馆中文编目室;1983 年,仇锦堂馆长派我到大连工学院进修图书情报专业。那时,大连工学院第三期图书情报进修班由来自全国 66 所不同高校的学生组成,大概是看到我年龄较大,班主任桑健老师让我担任这个班的班长。经过努力我进修的十几门图书馆专业课课均为优秀。1984 年,我参加了高教部举办的全国高校图书情报知识竞赛,为江苏工学院赢得了个一等奖!在当年每月工资仅为 64 元的时候,我因此收到了北京寄来的 200 元获胜奖金。在这里,要感谢当时图书馆的馆长仇锦堂、支部书记吕杏琼、办公室主任陈丙燕。

忆 307 教室的科技文献检索课

1985 年,我刚从大连工学院进修回来,在仇锦堂馆长的支持下,我为 1982 届、1983 届本科生开设了"如何利用图书馆"的讲座,在沈林生教授(他当时是研究生处处长)的鼓励和支持下,我这个工农兵学员还为当时的研究生开设了科技文献检索选修课,并在他的指导下完成了一篇题为《植保机械文献检索的运用》的论文。记得有一次在 307 阶梯教室讲课,我在黑板上写了大大的"未来文盲是谁?"几个字作为开场白。今天看来这个问题的答案很明了,但当时确实把这些快毕业的学生难了一把,因为当时要搞毕业设计的他们,还不懂得快速地查阅 EI(美国工程索引、CA(化学文摘)、DII(德温特专利索引)等,他们虽学会了专业基础课及专业课,但毕业设计中仍在做大量重复性劳动!而在更早的时候,1976年,我们在李汉中、金瑞琪老师的带领下搞组合机床齿轮箱设计,还拉着计算尺、手摇台式机械计算器,查对数表。回想起来令人感慨万分!

科学技术就是生产力。我们欣喜地看到,今天的江苏大学图书馆已拥有数据库34个、二次文献数据库15个、自建数据库8个,以及各种知名的大型综合性数据库、各类权威的专业学会出版物全文数据库。真是天壤之别!

在今天的因特网时代,检索任何专利、资料都极其方便。"未来文盲是谁?"又有了更深、更广的含义。

与学院陈云阁书记的忘年交

陈云阁曾是我院党委书记,我真正跟他交往却是在他离休后生病较重的时候。我们在一起时谈书法,谈唐宋诗词;他抽烟不多,喜欢喝一点白酒。他关心学校的发展,当谈到我们电工教研组的时候,他说:"你们教研室的那个陈正传,人很实在,啊,啊,我晓得,他备课很认真,就是普通话不太标准,像我一样,地方口音很浓。做老师还是要讲普通话的。"说完哈哈大笑起来。有时我们谈人生,谈他如何从一个私塾老师投身革命,讲述如何跟着陈毅司令员打游击战,讲述他们在丹北地区战斗时的壮烈场面,也讲到镇江农机学院刚刚筹备时的困难。对他个人在"文革"中的遭遇,没听到他有一句怨言,总是呵呵一笑而过。

需要说明的是,他在任期间,没有因为我是他战友的女婿,而给予我任何照顾。我30岁结婚时没有申请到住房,蜗居在动力楼办公室排队等待分房,直到我的女儿出生,才按分数在当时的邮局旁边分到一间小平房。

在离开这个世界的最后时光中,他静静地躺在江滨医院的病榻上,由于我住在当时的镇江医学院宿舍,与他的病房较近,故可常常去看他。他得的是晚期糖尿病并发症,冷天,床单只能悬空盖在一支架上,任何衣服都不能贴身,否则皮肤就会有灼热刺痛感。每次看到我他都打起精神:"小樊来了,来给我讲讲学校发生的事情……"

他的追悼会上,我的岳父程中让我写下这样的挽联:

一身正气　高风亮节　英灵含笑苍穹

两袖清风　革命本质　浩气长留寰宇

感谢语

江苏大学建校 100 年,就像一个高等数学中的连续函数,我相信工农兵大学生作为该连续函数上一段不间断的区域,在江苏大学历史上的作用是不会被抹去的。清华大学校长顾秉林在出席"清华大学 74 届工农兵学员聚会"时,满怀深情地肯定了带有历史印痕的工农兵学员的价值。南开大学校长饶子和院士也说过:"工农兵学员不应该被忘记。"应该让今天的在校学生和年轻的教员,了解当时工农兵学员这一段历史,正像中国亿万家庭几乎家家都有下乡的知识青年一样。

以史为镜,可以兴邦。希望我们的江大校史馆筹建时,不仅要陈列那些江大引以为豪的杰出校友,也不要忘记特殊年代的校友——工农兵学员。

感谢我的好友:李文清、赵立强、辛俊康、丁建铭、吴明新等,他们作为工农兵学员留校至今,在江苏大学行政领导岗位上辛勤耕耘,默默奉献,我向他们致敬!

也感谢为我们 1974 届工农兵学员增光添彩的叶志明、姜哲等人,他们是工农兵学员中的佼佼者。

当然,特别要感谢当年我们机制系的李汉中、金瑞琪、蔡兰等一大批老师,他们对机械系的奠基与发展起到了里程碑的作用。

美国已故总统托马斯·杰斐逊曾写到:"我们不缅怀过去的历史,而致力于未来的梦想。"

今天,我也快 60 岁了,现居住在海南。我常常一个人坐在大海边,手捧着海明威的《老人与海》,默诵着书中主人公圣地亚哥的名言:"人不是为失败而生的,一个人可以被毁灭,但不能给打败。"眺望着遥远的镇江金山、焦山,那里有我学习、工作过 18 个春秋的母校——江苏大学,默念着江苏大学的校训:博学,求是,明德!

（樊荣茂）

母校记忆

母校,梦中常造访之处,记忆中那几座小楼,几幢青砖小瓦的老房子,法国梧桐下的林荫道,更有校园后的北固山与甘露寺。

初至母校,我就感受到一种深沉的、对当时历史性机遇的珍惜。一群追寻真知的师生,在"文革"后百废待兴的日子,怀着极强烈的社会责任感,真诚地"享受"着艰苦。

母校的老师,为教书育人呕心沥血。解剖学教研室王荫槐老师曾喜滋滋地谈道,我们有了真正的大学生,一定要教好他们。老师们白天进行教学和实验,晚上还守候在办公室给学生答疑。当时教务处的汪涵主任(后任镇江医学院副院长),痛感要敦促同学养成严格的作风和严谨的科学态度,坚持规范化操作。在1978年的酷暑之季,他身着白大褂,依次与各班同学同上解剖实验课,挥汗于充满福尔马林气味的解剖台边,言传身教,以使我们成为合格的医务工作者。

母校的老师,思想开放,着眼未来,不拘一格。时任1977级辅导员的倪华老师常清晨与同学一同出操,晚上还关心学生的思想动态。在"文革"后首届研究生招生之后,她常鼓励学生在学好医学知识的同时,抓紧学习外语,准备攻读研究生和出国深造。她曾请来当时南京医学院的研究生殷凯生医师来校介绍考研的准备事项。我校1977级同学的读研率达到20%左右,其中774班达到约30%。在研究生尚属凤毛麟角的当时,这在同类学校中可说是罕见的。

当时,母校的同学多来自农村、工矿,艰辛的历练使我们更加奋发。绝大多数同学都惜时如金,如饥似渴地苦读。人体解剖学开课时正值盛夏,解剖实验室充满了刺鼻的福尔马林气味。大家被呛得涕泪俱流,依然夜以继日地翻弄着各种标本。日日如斯,不少同学在食堂里见到肉食就恶心。这种感觉非经历者难以想象。

当时的同学外语起点极低,以至于北方的同学听到江南吴语误认为是在讲英语。功夫不负有心人,同学们争分夺秒地记单词,后来背《英语900句》。772班的许国平曾利用暑假留在校园,硬是把一本英文版的《红岩》译回中文。773班的黎雪和韩箭课余阅读英文医学期刊,其译文刊登于国外医学参考文献心血管分册。

临床实习是一个脱胎换骨的艰难过程。记得严定一老师常说:"我可以不考你们,但是你们的病人要考你们。"大家从打针、换药等基本操作开始,逐步掌握各种临床技能。774班的刘中民(现任上海东方医学院院长)实习时患了阑尾炎,手术第一天就捂着肚子去查房。773班的郑士营(现任苏州大学附属医院胸外科主任)在外科轮转时,吃住在办公室,两个多月竟做了100多例阑尾手术。卓有成效的训练,使我们班的大多数同学后来都成为所在医院的技术骨干,有些还成为国内的知名学者。

母校与我有一种缘分。1977年,我接到录取通知书时曾致函母校,谈及不愿就读。母校回信中表示理解,也欢迎我随时来校,对时间的珍惜和对求知的渴望,使我三思后最终跨入母校。来校后我得到了老师和同学的信任,曾担任校学生会主席,做了一些力所能及的工作。在校领导和老师的培养下,我得到了非常高的荣誉,被团中央授予第一批全国新长征突击手称号,并获得了全国学联表彰的三好学生奖章。我深知,这些荣誉属于母校,属于我的老师和全体同学。

母校于我已是一种精神财富,她鞭策我不断前行。如今,我虽远涉重洋,身在异国他乡,但母校所予的教诲与我常伴。30年后重返母校时,看到母校的巨变,感受到母校常驻的青春。

(陈洞)

"爱心天使"陈静

"我志愿加入中国共产党,拥护党的纲领,遵守党的章程……"2006年11月29日中午12时许,盐城市第一人民医院血液科10号病床床头,挂起了一面鲜红的党旗,孱弱而又刚毅的声音在寂静的病房里响起。我校应用科学技术学院在这里举行了一次特殊的支部大会,身患白血病却不懈追求的"爱心女孩"陈静,在这一天终于圆了心中的梦,成了一名光荣的中国共产党党员。

这位被大家称为"爱心天使"的女孩陈静,是我校应用技术学院计算机专业的学生,曾连续两次获评校二等奖学金、院三好学生。她是不幸的,但又是幸运的。为了拯救徘徊在生死边缘的她,在江苏大学以及所在地镇江,在江苏各地乃至首都北京,从虚拟的网络世界到现实生活,数万热心人齐伸援手,展开了一场声势浩大的"爱心接力"。

倾心救助同窗,她也患了白血病

2003年9月,家境贫寒的陈静几经周折,终于迈入了江苏大学的校门,成了我校应用科学技术学院计算机专业的一名学生。入学后不久,她就与来自南通的同班同学丁玉兰成了一对好姐妹,两个美丽俊俏、乐观开朗的姑娘几乎形影不离。在同学眼里,陈静是公认的"开心果",她学习十分用功,经常看书到深夜,为了不影响大家,她常常熄灯后就到卫生间去看书。然而,2005年3月,不幸降临到了她的好友身上——丁玉兰患上急性粒细胞性白血病。

陈静决心帮助好友渡过难关。在得知丁玉兰得病的一个多月里,每逢休息日和课余时间,她都和其他同学一起,抱着捐款箱奔走在火车站和镇江闹市区。丁玉兰回南通治疗后,陈静又在镇江的几家保险公司之间奔走，帮着办理繁杂的医药费报销手续。她的善良和真诚感动了保险公司，平安保险镇江分公司为丁玉兰捐款 10 万元。

经过努力，陈静和江大师生们共为丁玉兰筹集了 20 多万元医疗费，暂时缓解了丁家的经济压力。陈静一直和在家中治病的丁玉兰保持着联系，努力安慰病中的好友。她告诉丁玉兰："如果生命只剩下最后一格电力，我愿意做你的充电器。"

然而，命运似乎就是要跟这对好友作对。谁也不会想到，不知不觉间病魔正向陈静袭来。2006 年 3 月底，陈静和同学一起玩耍时，无意中发现腿部有红斑。起初，她以为是皮肤过敏，到医院检查的结果让大家都惊呆了：她也患了白血病！

真情，在校园内外涌动

曾目睹好友不幸的陈静知道，得了这样的病不啻是灭顶之灾。她的家在江苏省盐城农村，家里的经济全靠父亲陈跃亮平时在工地上打工维持。起初，善良的陈静没有把这个不幸的消息告诉家人。为了不拖累家人，她甚至想到过放弃治疗。然而，她所就读的江苏大学的师生立即行动起来，大家表示：要像陈静当年救助丁玉兰一样去救助陈静！应用科学技术学院 105 名教师、8 个专业的同学无一例外地行动起来，短短 3 天时间捐款近万元；同学们还深入到其他校区、走上街头募捐，策划义演活动；学校也及时送去大学生慈善基金会的救助款……

令人感动的是，病魔丝毫没有销蚀陈静"爱心天使"的本色。在得知盐城的一名大学生遭遇了同样的不幸后，她作出了一个决定：将社会各界捐给她的为数不多的善款转捐 5 000 元给那位素不相识的年轻人。病床上，她一边与病魔抗争，一边仍坚持学习。

曾经情同手足的姐妹，如今同病相怜。她们的遭遇引起了南通、盐城、镇江 3 地媒体和市民的极大关注。"南通热线"论坛的网友们发起了为她们募捐的活动，并着手与南通电视台联系，筹办义演晚会。然而，未等到晚会进行，丁玉兰便离开了人

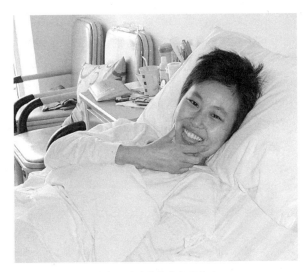

病床上的陈静依然坚强乐观

世。2006 年 11 月 11 日，义演如期举行，共募得捐款 3 万多元。

患难中，陈静成了两家共同的女儿。虽然丁玉兰的父母还欠着 10 多万元外债，但他们决定将未用完的 8 万元捐款，大部分转捐给陈静。这样，陈静的捐款达到了 18 万元。然而，这与至少 60 万的骨髓移植费用还相差甚远！

黄丝带，见证满城之爱

2006 年 12 月 19 日、20 日，中央电视台"共同关注"栏目"美丽人生"节目播出了两个白血病女孩的故事，当年倾心救助同学、如今也身染沉疴的陈静牵动了无数人的心。12 月 23 日，网名为"晨阳斜影"的江苏大学理学院学生朱小东，第一个将"救助陈静"的帖子发到了"镇江网友之家"网站上。3 天之后，这则消息同时被置于"名城镇江"、"山水句容"等镇江八大网站的顶端，短短一周内引起了数万名网友的关注。一场"爱心风暴"在网络上风起云涌。

为了组织好募捐活动，网友"远方的梦想"、"阿呸"以及朱小东、程建平、孔娇妮等组建了"爱在镇江组委会"。网上招募的包括江苏大学学生在内的 1 200 多名志愿者，组成 20 多个募

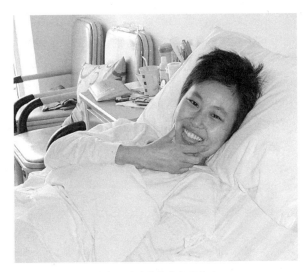
流芳轶事

193

捐小分队,奔赴镇江市区各街巷广场、企事业单位和辖市(区),先后组织了60多场募捐活动。出租车司机捐献7元起步价,公交车和社会车辆捐款5~10元,就系上象征爱心和希望的黄丝带。一时间,黄丝带成了古城镇江的一种"时尚"……

2007年1月28日,筹备已久的"飘舞的黄丝带——情系陈静,爱在镇江"大型义演在城市客厅举行。这一天,镇江满城尽飘黄丝带:出租车、公交车、三轮车、自行车、树木、花草,以及数不清的人的臂膀上都系上了黄丝带! 一份份捐款投进募捐箱,一股股爱的暖流在镇江城流淌。

面朝大海,春暖花开

经热心的北京网友联系,陈静决定去北京治疗。2007年1月31日,学校宣传部、学生处、团委、应用信息技术学院的领导和老师与镇江的网友20多人,前往南京机场为陈静送行。大家约定:"陈静,我们在镇江等着你!"抵京后,10多位北京网友早就守候在那里,大家安排车辆将他们送到了住处,并帮着代办了住院手续、北京公交一卡通、手机号。为了消除陈静的寂寞,网友们还为她的电脑开办了无线上网业务。北京各大高校的近万名学生也为陈静募捐,搜狐社区北京站的网友们号召全国网友献爱心。截至2007春节后,社会各界为陈静的捐款已超过70万元!

采访中,记者致电远在北京的陈静时,巧遇一名在北京工作的江大校友来看望陈静。她名叫陈玮,镇江人,我校经贸英语专业毕业。电话里陈玮说,她早就知道了陈静的事迹,深为学妹的精神所感动。她的住处离医院不远,现在一有空就来陪陈静。

陈静在完成了10次化疗后,配型成功,顺利进行了骨髓移植手术。

"我只是做了那么一点,而大家却给了我这么多!"从校园到社会,从虚拟到现实,无数的关爱令陈静倍感温暖、备受鼓舞。她用一首海子的诗表达了自己的心情:"给每一条河每一座山起一个名字/陌生人,我也为你祝福/愿你有一个灿烂的前程/愿有情人终成眷属/愿你在尘世获得幸福/我也愿面朝大海，春暖花开。"

　　人们的爱心，最终也没能留住这位"爱心天使"，陈静带着对生命的美好祝愿和无限眷恋离开了人间。为了更好地纪念她，并把这种爱心的种子发扬光大，根据陈静的真实事迹改编，由镇江广播电视总台、江苏大学和北京银河星光文化传播有限公司联合摄制的电影《小城大爱》于2009年4月18日在江苏大学大礼堂隆重首映。首映仪式上，陈静的扮演者王振表示:《小城大爱》是镇江大爱的见证，我要传递陈静的这种爱心精神，并让爱源源不断地传递。中国电影家协会副秘书长、高校电影联盟副秘书长齐迎肯定了影片的人文价值。镇江市委书记许津荣向江苏大学党委书记范明赠送了由原国务院副总理李岚清题写的电影片名。

李岚清为影片《小城大爱》题写片名

（张明平、薛萍）

南京医士学校的首次外事接待:朝鲜访问团来访

  1951 年创办的南京医士学校是原镇江医学院的前身,时任南京医士学校教务副科长的强求精老先生回忆起当年的一场外事接待活动,仍然记忆犹新。20 世纪 50 年代的中国,外事活动非常少,资本主义国家不承认刚刚成立的新中国,在外交上对社会主义新中国实行封堵,而社会主义阵营的国家对新中国都非常友好。

  当时的南京医士学校是江苏省内最好的培养医疗卫生人才的学校,绝大部分教师都是来自名校的本科毕业生,教学质量、教学设施均是省内公认的一流水平。1956 年,朝鲜访华团来南京访问,其中的医学教育分团一行 4 人来到南京医士学校访问。他们访问的目的非常明确:学习举办中等卫校的经验,尽快为本国培养中级医疗卫生人才。当时南京市卫生局的领导陪同访问团一行人来到位于峨嵋岭的南京医士学校新校区访问。

  时任南京医士学校副校长的梁浩代表学校在教学大楼前举行了简短而热烈的欢迎仪式,向访问团作了简要的校情介绍。访问团一行人参观了学校的生理、解剖、病理等实验室,还参观了解剖、病理、寄生虫标本室,在丰富的标本陈列前,他们看得非常仔细,对学校的教学设施与教学水平予以充分肯定。

  20 世纪 50 年代的朝鲜,物资非常匮乏,医学教育水平也很低,急需学习中国的相关经验。代表团一行围绕如何进行中等医疗卫生人才的教育教学工作与南京医士学校的干部、教师进行了深入的交流,提出了许多实际问题,我方一一给予详尽的解答。

  为了帮助朝鲜访问团医学教育分团一行人更好地学习、借鉴中国的医学教育经验,学校药理教学科向他们赠送了一本《中华医学》杂志,上面刊发了由学校教师蒋伯诚、魏元江撰写的《中药木通药理研究》学术论文；还赠送给他们一套多达100多件的《人体系统病理学》教学切片标本。得到这两件礼物，访问团成员如获至宝，对他们而言，这不啻为雪中送炭，对他们回国后开展教学、科研工作很有帮助。

强老师回忆说，整个访问持续了两个多小时，他们对南京医士学校的教学组织、教学管理、学生管理等细节非常感兴趣。当时的南京医士学校人才汇聚，教学能力非常强，1955年的毕业生中就有后来享誉全军的模范教师、我国著名病理生理专家赵克森及后来担任人民卫生出版社副社长的强瑞春。学校的教学工作与临床医学结合得非常紧密，南京鼓楼医院、军区总院、口腔医院的院长、主任医师经常被学校聘请来参与教学工作。这样一种教学与实践紧密结合的教学组织方式给代表团留下了非常深刻的印象。

正是由于当年特殊的政治背景，教育界的外事活动非常少，南京医士学校代表教育界参与的这次外事接待工作才被赋予了更多特殊的意义，它是年轻的共和国拓展国际友谊的一个重要组成部分，从政府到学校都高度重视。朝鲜访问团也受到了最热情、周到的接待，为他们回国开展医学教育提供了实质性的帮助。

（口述：强求精；整理：朱玲萍）

传统中医架设中日友好交往的桥梁

——江苏省中日医学交流中心创建纪实

在原镇江医学院的历史上,江苏省中日医学交流中心的创建是其对外交流中的一件大事。1986年周平老师受团中央的派遣去日本三重大学医学部学习研修。她在日本期间,发现日本人对中国的传统医药非常感兴趣,她本人就曾应日方邀请在三重大学作了多次中医学特别是针灸学讲座。学校领导曾多次要求周平老师联系日方,努力开展中日友好合作。为了顺利完成学校的任务,周平老师在日期间,多方联系日本的友好人士,希望能够搭建起中日交流的平台。她和三重县日中友好协会、三重县日中友好协会津支部、津市国际交流协会等组织进行联系商谈。1997年初,达成了中日共同建立"江苏中日医学交流中心"的初步意向。

当时,江苏省内还没有类似的机构开展中日两国间的实质性医学交流,江苏省外事处的领导高度评价此事,称赞其为江苏省高校对外交流开了先河。1997年9月16日,"江苏中日医学交流中心"在原镇江医学院教学综合楼正式揭牌成立。日本三重县津

江苏中日医学交流中心开业庆典

市市长近藤康雄发来贺信,他在信中这样说道:"津市和镇江市缔结友好城市以来,在各个领域进行着深入而广泛的交流,创办这样一个交流中心是一项壮丽的事业,我感到无比喜悦。"日本三重大学医学部部长矢谷隆一、三重县日中友好协会会长夏秋翰等均发来贺信。时任江苏省教委副主任葛锁网出席开业典礼并讲话,他指出,"江苏中日医学交流中心"的建立,必将对江苏省医学教育产生积极影响,对促进中日两国医学交流起到积极作用。

1997年"江苏中日医学交流中心"成立之际,由原镇江医学院院长陆福履担任首任董事长,友好株式会社董事长皆川克久先生担任副董事长。皆川克久先生充满感情地说:近年来,中国传统医学在世界上引人注目。我们建立这一中心作为中医治疗的体验和医学交流的一个基地,坚信不久的将来,经过大家的努力,一定会取得丰硕的成果,一定会成为人们所赞誉的中心。

中心成立之际,正是中日邦交正常化25周年,日本三重县日中友好协会副会长、医学博士柳濑恒范先生也出席了开业典礼。

中心在多方努力与关注之下开始运作。三重县日中友好协会理事长森川昭雄、三重县议会议员舟桥裕幸、津市议会议员佐藤肇子、铃鹿市议会议员松本文子、津市国际交流协会理事静永俊雄等日方友好人士都十分关注中心的成立,并担任中心的日方理事。原镇江市人大主任钱永波、原镇江市委副书记陈耀南、原镇江医学院党委书记季广松担任中方顾问。原镇江医学院提供了中心的用房,位于当时综合教学楼的10楼,皆川克久先生出资进行了装修和购置所有相关设施。日本金子病院院长金子幸夫女士负责在日本招募对中国传统医学怀有浓厚兴趣,志愿进行中医体验的人员。每年送来2~3批日方人员,每批有10~20人。

为了使日方来华进入中心的人员能够得到一流的中医服务,学校聘请了曾为泰国皇室成员提供过医疗服务的著名中医许祥生、江滨医院徐登国副教授、倪光夏主治医师等人对日方人员开展中医治疗与交流工作。日方来华人员均对中医有着一定的信任度,希望通过中医治疗其在日本无法治愈的疑难杂症。其中有一位年近7旬的患有帕金森综合征的老先生,对中医抱有很高的期望,通过中方医师的针灸、推拿、中药综合治疗,他的病情得到明显改善,在离开中心返回日本前,他对医生们一一表达谢意,对中医充满了感情。这样的例子还很多,一些腰椎、颈椎的慢性病,在日本通过西医治疗没有明显疗效,而通过中心医师的辨症施治,则得到了明显的改善。为了更好地巩固治疗效果,中方医师还为他们开出中草药处方,提供了中草药。当时我国对中草药出口有很大的限制,每次都要办理特别的中草药出境担保书。中心克服困难,为日方人员携带中草药离境提供方便。

根据《江苏中日医学交流中心章程》,日方先后投入了82万人民币,为中心的顺利运作奠定了良好的物质基础。1997年—1999年3年间,中心在开展中日医学科学技术、医学教育、医疗卫生人员培训等方面的交流合作,特别是在积极组织体验中国传统医学治病、健身的特殊功效方面取得突出成绩,在省内高校和镇江市都产生了较大影响。日方对原镇江医学院运作"江苏中日医学交流中心"的状况非常满意,双方的人员交往也不断深入,后来为了使日方来华人员得到更好的服务,日方还专门出资,邀请学校膳食科红案一级厨师沈习忠,于1998年1月15—24日赴日本专门学习日本料理。

中国的传统医药博大精深,深深吸引着日本各界人士,江苏中日医学交流中心的成功运作,架设了一座中日友好交往的桥梁,为日本人了解中医提供了一个窗口,也实现了两国医学界的对话与交流,产生了深刻的影响。令人遗憾的是负责日方具体工作的日本金子病院院长金子幸夫女士因身患绝症在中心成立3年后去世,极大地影响了中心的运营,合同到期后,中心不得不宣告解体。然而,中心的一度存在书写了原镇江医学院对外交流的辉煌篇章,得到了省市有关部门和领导的充分肯定,在中日两国间均产生了积极而深远的影响。

(口述:顾志伟、周平;整理:朱玲萍)

十七年爱心接力照亮生命之光

——记骆焱青年志愿者服务小分队

1994年3月，一个阳光灿烂的下午，在原镇江医学院团委书记倪时平和吴红燕老师的带领下，学生张蕾、金艳、刘海红第一次登门为"镇江张海迪"骆焱提供志愿服务。这3位女大学生一见到骆焱，就立即进入了志愿者角色，她们为骆焱脱去外套，帮骆焱灌好了热水袋，热情地和骆焱聊着天……这些充满着青春活力的女大学生给骆焱的生命带来了一抹亮丽的色彩。骆焱没有想到，这些青年志愿者会伴随着她走过17年的风风雨雨。17年的漫长岁月中，志愿者们换了一批又一批，由原来的镇江医学院学生变为了今天的江苏大学京江学院学生，青年志愿者服务小分队的核心成员近百人，参与者逾千人，志愿者因毕业离校不断改变，唯一不变的是志愿者们将爱心进行到底的决心。

春风化雨，让爱滋润心田

作为一名先天性、脊髓性、进行性肌营养不良患者，骆焱以一颗站立着的灵魂拥抱着不幸的人生，用一腔热血铺就了一条自强之路，被誉为"镇江张海迪"。她用微弱的生命之光帮助着身边的孩子，为他们辅导英语。她的事迹深深感动着年轻的女大学生们。作为医学院学生，她们承担志愿者工作具有得天独厚的优势：具备一定的医学知识，可以为骆焱提供医学和心理方面的咨询与帮助。

第一批青年志愿者充满自信地走进了骆焱的生活，她们对骆焱说："当你需要时，别忘了我们。"从此，在学习之余，为骆焱服务，成了她们生活的重要组成部分。她们陪着骆焱参加各种社会活动，给她讲大学校园里的种种趣事及大学的生活和学习情况,帮骆焱整理笔记,给友人复信,带骆焱出去逛街、晒太阳。她们把青春的活力和生命的热情带给了骆焱。

至今骆焱还清晰地记得,志愿者们带着她登上北固山远眺长江的情景。那是一个游人如织的假日,志愿者们来到骆焱的家:"今天,我们要带你登北固山去看长江,好吗?"她简直不敢相信自己的耳朵,登北固山?看长江?像她这样的身体状况,她从未奢望过有一天可以登上北固山,她甚至有些恍惚:我不是在做梦吧?来到北固山,志愿者们抬着轮椅一步一步艰难地拾级而上,周围的游客得知情况后,也加入到帮助骆焱的行列中来。这一天,在北固山,数不清的游客们争先恐后地参与其中,用自己的行动温暖着骆焱。登上北固山,面对山下美丽的长江,骆焱感受到的,不仅是长江的壮美,还有一颗颗火热的心。长江,永远定格在她的记忆里,而志愿者和游客们的笑容和额头上的汗珠也定格在她的记忆里,奏响在北固山上的爱心交响曲更时时回荡在她的心中……

风雨兼程,我们共同走过

在帮助骆焱的过程中,每一个志愿者都曾经遇到过困难,但她们都坚持了下来。2002 年加入骆焱志愿者服务小分队的言璐

1995 年,我校骆焱青年志愿者服务队的志愿者与骆焱在一起

记述了这样一段经历："有一次,在我和骆焱大姐约好的日子,下起了倾盆大雨,我穿着雨披,可脸上、身上还是被雨打了个湿透。我不能后退,我咬着牙,冒着大雨如约来到大姐的家。"看到窗外大雨滂沱,骆焱以为言璐不会来了,当浑身湿透的言璐出现在她的面前时,骆焱被深深地感动了。顾不得擦一下满脸的雨水,言璐开口就问:"有什么需要我做的?"

2007年为骆焱服务的张雨婷同学,瘦瘦小小的,她曾经推着骆焱步行穿越大半个城区,陪着骆焱去看望朋友,从花山湾的干休所到中山西路来回一个半小时多。"牙一咬"这个词,是志愿者们在遇到困难时经常出现的一个高频词。

骆焱毕竟是一个只有头和手指能动的重症患者,她再坚强也有脆弱的时候。有一次,她在电视上看到一个患者不幸离世,不禁触景生情,情绪低落,甚至怀疑自己是不是也会……志愿者们为了打消她的顾虑,推着她来到医院检查,并用自己所学的医学知识不断开导她。志愿者们亲切而充满理性的话语,比医院的检查报告更让骆焱感到宽心。骆焱终于又一次露出了笑容。

17载的风雨兼程,17载的寒来暑往,志愿者一直不离不弃地陪伴着骆焱,也见证着骆焱与疾病作斗争的坚强,这些共同度过的岁月,让她们的心越来越近。所有的志愿者都亲切地叫骆焱"大姐",而骆焱则把志愿者当成了自己的家人。每个端午、中秋,她都不忘给志愿者送上粽子和月饼,表达她的感谢。而即便是在寒暑假期间,志愿者们也不忘排好班看望骆焱,不让骆焱寂寞和孤独……

雨后彩虹,生命因你而精彩

当年那个曾经被医生断言活不过12岁的骆焱,用自己的坚强与努力,创造了生命的奇迹,今年已50多岁的她用"活着"来证明了她对生命的挑战是成功的。而在她的生命中,志愿者们的出现就像雨后的一道彩虹,让她的生命变得更加精彩。

骆焱在她发表于《镇江日报》上的一篇文章中写道:"虽然生命亏欠我一份健全,但你们(志愿者)那无私的情,真挚的爱,

2006年,骆焱和同学们在一起

让我沉湎于爱的温暖之中,我要把这份爱送给更多的人。爱,只有在不断传递与接受中才能使生命更精彩……"

为骆焱服务,志愿者们同样收获良多。刘海红在其发表的文章《认识你真好》中写道:"曾经有很长时间,我对人生价值这一问题很困惑。从你身上,我找到了答案,你用言行不断地启发着我:你没有上过一天学,却在全身瘫痪的情形下自学两门外语,为中小学生辅导英语,把奖金和稿费捐给孩子们……生命,是一首奇异的乐曲,当它和国家、人民的利益联系在一起的时候,便会奏起永恒的旋律。"

涌动在志愿者和骆焱之间的爱,历久弥深,至真、至善、至美的情感让岁月凝滞。老志愿者毕业离校,新志愿者接力而来,骆焱从未感到过落寞,那些离校的志愿者成了她的老朋友,而新来的则成了她的新朋友。多少年后,她还能收到志愿者们的明信片、短信、结婚照,乃至3口之家的问候……这种情感绵绵不绝,成为我们这座大学校园,以及我们这座古城上空最亮丽的彩虹,让我们感到无比温暖。

(朱玲萍)

古树往事

在江苏大学梦溪校区的校园里，有一棵郁郁葱葱的罗汉松。作为镇江市一级"古树名木"，有着111年树龄的她，不张扬，不喧嚣，她安静、悠然地偎依在梦溪楼的身旁，见证着历史的变迁，与学校共成长。

1958年，我校前身之一的原镇江师范专科学校创建，1962年7月因国民经济暂时困难停办。1978年1月，江苏省革命委员会决定在镇江地区第一师范学校（现梦溪校区址）基础上筹建南京师范学院镇江分院。同年12月，经国务院批准，南京师范学院镇江分院正式定名为镇江师范专科学校。就这样，镇江师范专科学校迎来了新的建设和发展阶段。

建设初期，决定在寿邱山以南孔庙遗址处建设"体育场"，原生长在孔庙遗址旁的罗汉松也就需要移栽。这棵罗汉松是市级保护"古树名木"，级别高，树龄长，罗汉松移栽能顺利通过审

移栽后的古树罗汉松位于梦溪楼西南角，至今苍翠茁壮

批并成活吗？

答案是肯定的。罗汉松的记忆里也因此多了许多值得记忆的片段。

据当时总务处负责移栽罗汉松任务的曹泽民老师介绍，罗

汉松的移栽真是动了不少脑筋。为了能顺利通过当时的镇江市绿化管理委员会审批，动土移栽前两年，学校就开始了一系列准备工作。为保证成活，罗汉松移栽前必须进行断根处理、根部环剥和挖掘，断根的时间和每一个程序都有讲究，挖掘坑穴直径、深度，都要计算准确，以保证古树对后期移栽定植有更好的适应能力，每个环节都很重要，稍有不慎，都会影响这棵宝贵树种的成活。学校部分领导、曹泽民、花工陈启生以及当年众多的工人师傅们一同经历了这个精心准备的过程。

两年后，也就是1987年，体育场建设在即，绿委会的审批专家们进校考察移栽条件。在现场，他们看到的是包裹仔细的移栽土球，罗汉松根系旺盛、长势良好，专家们一致拍板通过。于是，罗汉松移栽起运工作正式开始。几十根钢筋从罗汉松的底部把罗汉松的根部包裹起来，形成一个钢筋"吊篮"，树干、树根部位重新加固，等30吨的起重机和几部平板卡车一到位，罗汉松便被顺利移栽到现在的梦溪楼西南角。

"要让罗汉松有家的感觉！"曹泽民老师集众师生之智慧，作出"两不改变"的决定。不改变罗汉松的树冠方位，原来大树树冠方位怎样，现在还怎样；不改变生长环境，尽可能把罗汉松原生长出的根系原土带过来。就这样，配合水肥和修枝整形管理，罗汉松在新的环境里开始不断地汲取养分……

1988年春，镇江师范专科学校新体育场建成并投入使用，学校进入一个相对稳定的发展时期。年迈的罗汉松也在这处新家吐出绿芽，"看到新芽的那一刻，我真是太开心了……"24年

后的今天，作为当时移栽工作负责人的曹泽民提及此事，幸福之情仍溢于言表。

人们常说"树是有灵性的"，树是大自然的恩赐，是活文物。罗汉松见证历史的同时，同样承载了往昔一代人对学校的热爱。2001年，三校合并，镇江师范专科学校所处梦溪校区已成为江苏大学重要的一部分，现承载京江学院一年级部分学生的教学与宿舍功能。2007年，江苏大学出版社也在此落成并发展，所有这一切，罗汉松都看在眼里，你看，她也变得愈加苍翠、愈加年轻……

（李红艳）

寿丘山怀古

中国历史文化名城镇江,坐落在江山如画的烟雨江南。这座古城自古就流传着城内有"三山五岭八大寺"的说法。一座滨江小城内竟然神奇地崛起3座山、5道岭,氤氲着8座佛寺的香烟,而且承载着丰富而绚丽的历史文化,实在令人心驰神往!

城中的"三山"——日精山、月华山和寿丘山,其实山体都不大,也许只算得袖珍玲珑。寿丘山如今在江苏大学的梦溪校区内,山的主体长百米左右,高不过20米,在高楼林立的今天,几乎要被周围的高大建筑淹没了。可要是翻检他的历史文化,还真是小看不得。

寿丘山是宋武帝刘裕的故宅

明清之际王夫之的史论名著《读通鉴论》"宋武帝(刘裕)"条品评中国古代皇帝曰:"汉之后,唐之前,唯刘氏犹可以为中国主也。"南朝的宋武帝刘裕,也就是宋代爱国词人辛弃疾讴歌"想当年,金戈铁马气吞万里如虎"的刘寄奴。刘裕(363—422)生于斯、长于斯的京口故宅,辛词所描述的"斜阳草树,寻常巷陌,人道寄奴曾住"的地方,就是寿丘山!宋《嘉定镇江志》曰:"寿丘山在城中,宋武帝潜龙旧宅基也。"

刘裕当皇帝以后,不忘在京口耕牧渔猎的贫困岁月,在他的故宅建造了丹徒宫,将用过的农具、穿过的衲衣置于宫中,"以示子孙",愿毋忘其本。今学生宿舍由此命名为"藏耜斋"。

后来萧齐代宋,刘宋末代皇帝13岁的宋顺帝刘准被迫禅位,齐帝萧道成将他"封汝阴王",使"居丹徒宫",并派"齐兵卫之"。实际上是把他软禁在寿丘山。萧道成到底还是不放心,设计阴谋杀害了他。"建元元年(479年)五月己未,帝闻外府驰马者,惧乱作。竖人杀王而以疾赴。"寿丘山培育了一位杰出的皇帝,也目睹了一位亡国之君的殒命。

寿丘山是佛门的千年净土

皇帝故宅是神圣的,因此自刘宋以降 1 600 年以来,寿丘山始终保持着他的尊荣。经齐梁而入陈,丹徒宫改建为慈和寺,后也曾名云台寺,直至明嘉靖四年(公元 1525 年)前,寿丘山一直香烟缭绕,梵呗不绝,是一处佛门庄严宝地。

到宋代时,寿丘山的寺庙称"延庆寺"。南宋绍兴隆兴间,泗州的僧伽塔移至寿丘山上,寺僧奉僧伽像来归寓。因佛光远照,乃改寺名为普照寺。乾道六年(1170 年)六月二十二日,赴任四川夔州的陆游,途经镇江时来寺中巡礼。发现寿丘山"宋高祖宅,有故井尚存"。寿丘山是城中制高点之一,可以眺望江山胜景,"东望京山,连亘抱合,势如缭墙,官寺楼观如画;西阚大江,气象极雄伟也。"(陆游《入蜀记》)

宋绍兴十一年(1141 年)寿丘山南麓又建有龙华寺。元明屡毁于火。明正德五年(1510 年)僧信悦重建。

寿丘山不仅礼佛,而且崇贤。明代崇祯八年(1635 年)寿丘山的山北建纪念贤臣范仲淹、爱国名将宗泽的范文正公祠、宗忠简公祠(从府学移建而来),每年春秋两季都有祭祀盛典。

寿丘山周围曾经甲第如云

唐宋时期,镇江已成为著名的宜居之地。时谚云:"生居洛阳,死葬朱方。"在镇江城内,寿丘山一带又因山水相依,风光优美,成为建宅修园的首选之地。因为穿城而过的漕河流经寿丘山东侧,山的周遭逐渐形成连片的名士官员的宅园。跨范公桥稍南,有南唐镇海军节度使、润州刺史林仁肇宅,北宋故相秀国公陈升之宅,故相鲁国公曾布宅(沈括称其园"极为宏壮"),故相魏国公苏颂宅。隔河东望,有翰林学士三司使沈括的梦溪园,判三司盐铁院刁约的藏春坞。

赵宋南渡,有茅氏护驾渡江,择居镇江寿丘山东北麓草巷。近代有茅以升,为桥梁学巨子。他的叔父茅乃封是辛亥将军,中将衔陆军少将。其近邻有著名史学家唐邦治。

多少著名的历史人物穿行于这一方神奇的土地,留下传颂千年的佳话。

寿丘山是孔门的四百年圣殿

历代镇江府的儒学都设在日精山南,朱方门与定波门之间。丹徒县的儒学本在城西的儒林坊。"明嘉靖元年(1522年),提学御史萧鸣凤念旧学湫隘,庙祀弗称,因大学士杨(一清)、靳(贵)二公议,特迁于朝阳门仁安坊寿丘山南麓,即龙华寺故址。"这是一则重要的动议。经区域布局的调整和建设,寿丘山的佛寺迁到城东的焦石山,到嘉靖四年(1525年)原址则建起一座规制齐全的儒学,成了镇江最著名的孔门圣殿。此后400年,这里书声琅琅,弦歌不绝,成为封建时代丹徒培育士子的重要基地。

明崇祯年间冯梦龙任丹徒县儒学训导,清乾隆间刘台拱曾任丹徒县儒学教谕,为光大儒学,于学术多有贡献。

县学曾于咸丰三年(1853年)毁于兵火。经同治、光绪年间重修,恢复旧制,焕然一新。

大成殿等文庙建筑于新中国成立后陆续拆除。廊庑的彻底拆除,是在镇江师专建操场的那一年。如今除了一个碑座,几只柱础,"万仞宫墙"的几个残字,唯余一株枝繁叶茂的五针松,见证着历史的变迁,为后人留下些许记忆。

寿丘山是教化学宫的五百年学府

儒学甫建,为副翼于儒学,寿丘山下环珮叮当,陆续又建起一个个书院。学究们漱玉含英,虔心传承着儒学经典,习练着"修、齐、治、平"的夫子之道。寿丘山成为镇江的教化之山。

始建于宋代著名的镇江淮海书院,于嘉靖甲申(1524年)迁学于寿丘山麓。

北宋宝元初(1038年)范仲淹任镇江太守,为政有清风。他新修了增广府学,他还在曾经读过书的寿丘山下的漕河上架设了清风桥(即"范公桥")。人们崇敬他,不仅为他建祠纪念,还于 16 世纪初叶的明代正德年间在儒学旁建立了"清风书院"。

辛弃疾任镇江太守时,也在寿丘山东漕河对面的梦溪园旁的小溪上架设了一座桥。辛公后来也享祀于县学名宦祠。

明崇祯辛巳年(1641 年),知县郑一岳在寿丘山下创建香山书院。

清顺治戊子年(1648 年),知府赵士冕增修香山书院楼舍,更名为三山书院。

顺治丙申年(1656 年),知县张晋又在寿丘山创建杏坛书院。缭垣植杏树数百株。

辛亥革命结束了封建帝制,科举制随之废行。学而优则仕的封建教育为大众教育所代替。孔学崇拜变为科学教育。孔庙清冷残败,乃至最终消失。副翼的书院也代之以民众教育。寿丘山呈现出勃勃生机。

民国时期的镇江是江苏省省会。1930 年 1 月江苏省教育厅在寿丘山办起了江苏省立镇江民众教育馆,成为江苏省名震遐迩的民众教育机构。其电化教育领先于全国。抗战中民众教育馆财产损失过半。1945 年 10 月恢复后,馆舍的 3/4 划归省立镇江师范学校,从此曾经影响广泛的民众教育馆规模和影响都远不如前了。

1937 年日寇侵华,江苏省立镇江师范学校遭日机炸毁。1946 年 2 月,江苏省立镇江师范学校易址于寿丘山复校。

新中国成立后,从培养初等师资的中等师范镇江师范学校(镇江地区第一师范学校)(1949 年—1978 年),到培养中等师资的高等师范南京师范学院镇江分院(1978 年 1 月—12 月)、镇江师范专科学校(1978 年 12 月—2001 年 8 月),直至成为多科型的江苏大学的一部分——梦溪校区(2001 年 8 月以来),寿丘山见证了镇江教育事业的不断提升和壮大。

寿丘山,长寿之丘。寿丘山,我心中的长青之山。

(笪远毅)

我和镇江师专的两度情缘

写下这个题目，自己不禁嘀咕："太俗气了！倒像某些电视连续剧的对白！"但继而一想，又确是事实，那就由它去吧。

我和镇江师专的确有情缘两度，让我一一道来：

1958年，正是所谓"一天等于20年"的"大跃进"年头，是要求各行各业"多、快、好、省"的年头。一些中小城市都纷纷办起了高校，镇江师专也就应运而生。物质条件虽然不怎么好，但师生的热情和豪气那是没话说。当时我在常州师专，条件比镇江师专还要差。我一个人当时（30岁刚出头）几乎包下了中文科的绝大部分课程。反映倒还不错，省教育厅吴天石厅长开玩笑说镇江师专"像是个私塾"。1961年为了充实和提高学校的办学能力，省里决定将常州师专并入镇江师专（同时将镇江工专并入常州工专），于是我就第一次与镇江师专结缘，担任了学校中文科副主任，主要讲现代文学，讲鲁迅，讲毛泽东诗词……这在当时算是"显学"，我也因此作了一些研究，在报刊上发表了一些文章。

1962年由于众所周知的"三年困难"的原因，为了贯彻"八字方针"，镇江师专虽已初具规模，但也不得不下马。师生们以理解和惋惜的心情对待学校的解散，也以相信和企盼的态度等待学校的恢复和重建。然而这一等就等了15年。

10年浩劫结束后，1978年镇江师专不失时机地正式复校了。校址已不在镇江火车站对面的小山上，而新设在另一座小山——寿丘山上，即原来的镇江师范里面。这是因为在1972年，镇江师范已办起"师专"性质的、培养中学师资的班级，我也已在那时调到这个班级教书。

我第二次到镇江师专，参加了恢复重建的工作，先后担任过中文科主任、教务处副主任和副校长，教过文艺理论、古代文学等课程,为提高学校的教学、科研水平付出了一些努力,其中有喜有忧,有苦有乐;有垦泥担水的辛劳,也有任重才疏的遗憾……我两度在镇江师专,时间虽仅 10 年左右,但在我一生的教书生涯中,这是最值得怀念、最充满感情的经历,也可说是结下了一种"不解之缘"。

1983 年,我因双亲年迈需要侍奉而申请调回常州,在常州教育学院任职直到退休。我虽已不在镇江,但仍觉与镇江师专息息相通,荣辱与共。我与师专的老朋友们保持着经常的联系,他们会将每期的《镇江师专学报》和《镇江师专报》寄给我,让我看到镇江师专日新月异的变化,听到镇江师专前进的足音,使我仿佛依然生活在寿丘山下,梦溪楼前……

1998 年我收到一份通知,原来那年 12 月 28 日,是镇江师专建校 40 周年和重建 20 周年纪念日。我不禁心潮涌动,浮想联翩。我衷心祝愿她有更大的发展和提高,于是写成一副对联:遥思夏雨春风,两度忝曾绛帐;长忆弦歌灯火,百年更新迈新程。"此联写得并不好,但表达了一点心意,说明了我与师专的"两度情缘"。

(钱璱之)

寿丘山的记忆

镇江城东有一座寿丘山，说它是山实在有点儿夸大，它其实只是一个方圆 50 来亩、20 米高的大土墩。就这么个土墩，古往今来却是个非常有名的地方。据宋《嘉定镇江志》记载，这里曾是南朝宋武帝刘裕的京口故宅地，"金戈铁马气吞万里如虎"的刘寄奴故居似乎应该有点帝王之气。从唐宋到明代，寿丘山一度又成为香烟缭绕、梵呗不绝的一处佛门庄严宝地。明嘉靖元年，寺庙迁至城东的焦石山，原址则建成规制齐全的儒学，成了镇江最著名的孔门圣殿，因此寿丘山一度又称县学山。此后400 余年，这里书声琅琅、弦歌绕梁，一直是万千学子求学的圣地。20 世纪 30 年代，寿丘山上办起了江苏省立镇江民众教育馆，此后的 80 年间，山坡上的学校历尽江苏省立镇江师范学校、镇江地区第一师范学校、南京师范学院镇江分院、镇江师范专科学校，直至成为现在的江苏大学梦溪校区。

1977 年恢复高考，我们 62 名学生作为南京师范学院镇江分院录取的首届学生，于 1978 年 1 月报到，在寿丘山上开始了我们的大学生活。我是挑着一根小扁担，一头行李，一头小书箱，自己挑着去报到的。说给现在的学生听，真是有隔世之感。当时学校的校舍破旧不堪，"文革"的创伤历历在目。大门口临街唯一有点漂亮的大楼却是市外贸公司的，也是"文革"中被占据土地后建造的，直至 90 年代才被学校"赎回"。宿舍在山坡下的小红楼，8 个人一间，条件十分简陋。食堂在山坡南的一个大破殿里，10 多张破败的方台子，8 个人一桌，站着吃饭。教室在山顶上，两幢苏式的老教学楼，楼南是 10 多间小平房，作为学校的图书馆。周末的娱乐活动是在教学楼前空地上放个桌子，桌子上放一把椅子，椅子上一台 18 寸的电视机，几十个人围拥着，看得津津有味。再有就是到校外军区礼堂看电影之类。

求学生活是极其艰苦的，然而，学生的刻苦精神却是感人的，用"刻苦"两个字实在还不足以表达。除了认真听课、与老师们探讨之外，学生们利用课余时间看书写作，收集资料，做索引卡片，练字，数学班的同学做习题，几乎到了废寝忘食的地步。教室里只要不熄灯总是坐着满满的在学习的学生。熄灯后，便到处都是被值班老师赶来赶去、偷着看书的学生。和现在高三学生的紧张状况有得一比，不过那时是自觉的，学生们十分珍惜来之不易的求学机会。我们班有10多位高中老三届的学生，他们的共同之处是大多当过民办教师，课余，他们收集各种教学资料做成索引卡片，真是精致漂亮。金坛的汤才春同学做的笔记有厚厚的几大本，后来，他成为金坛华罗庚中学首屈一指的初中语文名师。那个年代学生中没有打牌、搓麻将之类的事，却有不少棋类爱好者。我和黄志浩同学是象棋对手，水平相当，平时也舍不得花时间下棋，总在学期结束离校前相约杀个一整天，如今黄志浩已是江南大学的教授，不知棋艺是否见长。学校没有操场，但同学都想方设法坚持体育锻炼。每天天蒙蒙亮，一队队的学生都会跑出校门，从东门广场到船院校门口，一路长跑，我们戏称之为"跑街"。学校也有各种运动队，我就是校乒乓队成员，教练徐鲁清老师亦师亦兄，和我们亲如兄弟。如今，每年的江苏省高校校长杯乒乓球比赛，我也算一名主力队员，去年还得了冠军。现在想来，学生时代打下的任何基础，对人的一生确实很重要。

学校虽然简陋，却拥有一批师德高尚、学有专攻的教师。其中中文系有钱璱之、周仲器教授，数学有缪铨生、吴顺堂教授，物理系有刘昌年教授，化学系有麦维馨教授，英语系有赵溥霖教授，历史系有郭孝义教授等。他们可能算不得大家，可师德在我们学生的心目中却是楷模。当时中文系教师团队的教学风格各有特色：钱璱之老师博学厚重；周仲器老师激情洋溢；石复生老师风趣幽默；笪远毅老师旁征博引；祝诚老师博闻强记；蒋文野老师诙谐轻松；郭孝义老师自信渊博……而今一代名师都已年迈，其中有的已经作古。当时，视学生如儿女的总支书记孙慧老师也疾病缠身。我爱他们！我亲爱的老师们，他们是我永远的老师，师恩浩荡，铭记终生。

我们 1977 级中文一班是一个团结友爱的大集体，学生的年龄差距近一代人：最大的 33 岁，最小的只有 17 岁，已有子女的学生有 10 多个。最有趣的是丹阳的孙林森同学，他来上一年级，而当年他的龙凤胎儿女正好上小学一年级。学校还有师生同堂上大学的。这批大年龄同学抛家别子来求学，家庭经济普遍比较困难。除了学校给予一定的帮助外，同学间的互帮互助也很感人。我们班组织同学建校劳动，把有限的一点报酬去资助这些大年龄同学，那些没下过乡的小年龄同学抬土抬得脚步蹒跚，想来肩膀一定已经红肿。寿丘山边的 5 幢新楼的地基都是历届学生挖土平整的，其中早几届学生作出的贡献最大。

如今的江苏大学，满目都是现代化的崭新校舍，梦溪校区已成为见证办学历史的"狭小"一隅。然而，寿丘山在原师专学生的心目中，仍然是一方净土圣地，不论那些学生已成为优秀教师、大学教授、企业家、政府官员、大学领导和中小学校长，但他们总还记得那座不是山的山——寿丘山。因为，那里留下了他们青春的足迹。

（王巍一）

最最难忘的一件小事

在我 40 年的从教生涯中，值得追思的事情当然很多，但让我最难以忘怀的，却是在师专重建以后第一届（1977 级）学生毕业时发生的一件小事。

说实在的，那是一个真正火红的年代，师生们仿佛是从知识荒漠中刚刚走出来的旅人，都有一种教与学的饥渴：学生们个个都有一种无与伦比的求知欲，恨不得把教师肚里的所有货色都掏得一干二净；教师则抢着买书，开后门买书，拼命教学，拼命搞研究，也恨不能把自己的知识全部奉献给学生。这是因为大家有一个不约而同的心愿：一定要把"文革" 10 年的损失夺回来。那时候，我看到学生那股学习的劲头，走上讲台时内心总是充满着人民教师的责任感和光荣感。我常常对别人说，碰到这样的学生，哪怕是苦死累死，也心甘情愿。

时光飞逝，转眼间已是这届学生学成的时候了。当他们参加过毕业典礼，一一领取毕业证书以后，突然有一个学生跑来跟我商量道："周老师，我们一些同学想请您在我们离校前再给我们作一次文学讲座。"当时我感到十分诧异，不知说什么好，只是满口答应着"行！行！"果然，在他们离校前的一天晚上，一批学生聚集在中文系办公室等候我。于是我认认真真地给他们上了最后的一堂课。这届学生入学时的第一堂课也是我上的，而当时我是怀着怎样的激情，他们又是抱着如何的期待！我由此回忆起自己毕业后第一次走上讲台的情景，以及课后急就的那首发表在《南师校刊》上的题为《光荣的职责》的小诗。现在我已经想不起当时的讲座究竟讲了些什么内容，甚至连讲座题目也忘了，只是朦胧记得，由于来不及作充分准备，那次讲座可能不会使学生满意，在我也是不无遗憾；但那时那刻，我却分明感受到内心有一种异样的冲动，我觉得自己能够成为一名被学生信赖的教师,这是世界上最最幸福的事了!

　　这届学生离校以后,我经常得到他们的消息,知道他们绝大多数人都很有出息,有的还被评上特级教师,他们到底没有辜负老师们的期望。1995年,他们重返母校与老师们欢聚,当时我特别兴奋,平生第一次喝得酩酊大醉。多少年来,他们当年那种非凡的学习精神以及日后所取得的优异成绩,不知曾给我带来多少安慰,并常常成为对我的一种无形的鞭策。如今我已退休,但仍然会常常想起当年的那件小事,它总在催促着我,要继续多做点为人做嫁衣的"好事",以回报这些我曾经爱过并将永远爱着的学生们。

(周仲器)

梦溪园畔的青春梦想

寿邱山麓,两排高大挺拔的松树,护卫着校园中心大道向前延伸;梦溪园畔,动听欢快的鸟雀声与学子朗朗入耳的读书声唱和呼应……这里是青春梦想开始的地方。

在江苏大学梦溪校区,我度过了难忘的大学时光,积累了宝贵的精神财富,开始了人生事业的起航。大学生活多姿多彩,值得留念,催人奋进。

成长与进步

1999年9月,我从苏北农村来到古城镇江,第一次踏进梦寐以求的镇江师范专科学校。报到的那一天,我提着两只大行李箱,乘大巴、坐轮渡来到学校。行李箱很沉,里面装着父母准备的食品和衣物,也装着全家人真切朴实的盼头,盼着他们的儿子能够有点儿出息。父母没有什么文化,希望他们的子女能够圆上大学的梦。而大学给了我圆梦的机会。

初进大学,就被美丽的校园环境和浓厚的文化氛围所吸引。梦溪校区虽然地盘不大,但布局精致,校舍依山而建,错落有致,很有特色。寿丘山顶、艺术长廊、林间小道都是我们读书、散步的好去处。而如火如荼的学生社团则是青年学子锻炼自我、展示才华的重要阵地。在学校的指导和学生的努力下,学生联合会、大学生记者团、校园广播站等一大批社团办成了精品社团;校园文化节、大学生艺术节、科技创新周等一大批活动办成了品牌活动,其中很多活动还在全国有影响、全省有位次。生活、学习、成长在江大,我们的感受是:学习有兴趣,休闲有乐趣,生活有情趣。

学校之大,不在于大楼,而在于"大师"。我所在的化学系有几位年长的教授,如已经退休的俞运鹏老师,知识渊博,教学严谨,讲课精彩,很受学生欢迎,他培养的师范毕业生很多都成为中学的教学骨干和业务能手。很多老师不辞辛苦,忘我工作,甚至为了事业积劳成疾,其人格魅力和崇高精神影响了一茬又一茬毕业的学子。

在梦溪校区的4年,是知识积累的4年,也是人格塑造的4年。踏踏实实做事,认认真真做人,这些良好的品质都是从大学时代逐步形成的。

荣耀与梦想

在江大,我们是幸福和幸运的一届。在经历了世纪之交的狂欢之后,我们又迎来了江苏大学成立的庆典,见证了学校的跨越发展和快速腾飞。2001年8月,当江苏理工大学、镇江医学院、镇江师专合并组建江苏大学的消息传来,全校师生欢欣鼓舞,为之振奋。作为原镇江师专的学生,我们盼来的不仅仅是一份荣耀、一个光环,更是一次超越自我、实现人生转型的难得机遇。学校合并后,资源共享,师资共用,为我们的学习和生活提供了极大的便利。在化学系学习的我们,更是最先享受便利,最早得到实惠。江苏大学组建后不久,新的化学化工学院成立,一大批优秀的留洋博士为我们讲解授课,一大批先进的教学仪器供我们实验操作。在新的环境下,我们的眼界更加开阔,思维更加活跃,知识更加丰富。学校的合并和学院的组建,给我们提供了更多就业和深造的机会,也给我们实现更加远大的目标和理想提供了新的机会。可以说今天不少在学术上小有建树的同学都是在那个时期打下了坚实的基础。

学校的荣耀与个人的梦想紧密相连,学校的发展与个人的进步息息相关。2003年,在我毕业前夕,正当我为联络工作而四处奔波的时候,经化学化工学院党委推荐,学校组织部给了我一次参加学校选调生选拔考试的机会。在经历了笔试、面试、考核,省委组织部面试、考察等一系列环节后,我顺利地成为一名选调生,也是当年梦溪校区唯一入围的人选。个人命运的转折再一次证明:个人的成长离不开学校的培养,个人的进步离不开老师的关爱。我衷心地感恩母校，感谢恩师！

秉承与发扬

"博学、求是、明德"是江苏大学的校训，也是百年江大精神的真实写照。江苏大学合并 10 年来，办学规模不断扩大，校园环境日益改善，社会影响显著提升，在改革发展的道路中风雨兼程，成绩斐然。作为校友，我们由衷地感到骄傲和自豪。

秉承学校的优良传统，发扬江大的时代精神，是每一位江大校友应有的承诺。为母校争光，为江大添彩，是我们崇高的使命和应有的职责。作为江大校友，无论身在何方，无论从事什么职业，都将不畏辛苦，不辱使命，以一流的工作业绩回报母校的培养。历史和现实都将表明，在江大精神的激励下，越来越多的江大校友在各自的工作岗位上勇创佳绩，捷报频传，我们是江大的荣耀，也必将为江大赢得新的荣耀。

母校精神激励我们继续前行，母校情怀鼓舞我们不断进步。毕业 8 年来，作为一名国家公务员，我从基层干起，做过文员，当过秘书，干过共青团工作，现在是一名地方组织人事干部。虽然岗位在换、工作在变，但我始终牢记母校的教诲，勤勤恳恳、尽心尽职地做好工作，努力做一名对社会有用的人，多贡献、少索取，多作为、少平庸。

离别多年，再回母校，梦溪园依然美丽，梦溪园畔的梦想依然绚丽！

（朱春明）

难忘趣事

自编自演《战斗在驸马庄》

1958 年底,我们中文(1)班的 10 多位同学不自量力地要自编自演一个戏,向学校汇报我们下乡劳动的收获,并以此祝贺镇江师专文工团成立。剧本取材自我们班在郊区驸马庄的支农劳动,表现青年学生在劳动中的干劲与社员同甘共苦的精神,以及社员对我们无微不至的关心和照顾,呈现"解放牌"大学生的精神风貌和与群众的密切关系。表现主题的矛盾冲突安排为:两名思想基础不稳固、怕劳动、以装病逃避劳动的大学生,在全班同学和社员的冲天干劲与耐心帮助下最终改变。因表现下乡获得劳动锻炼和思想转变的双胜利,剧名定为《战斗在驸马庄》。

我们在讨论剧情的过程中就基本确定了演员,再让演员根据剧情创作角色台词,边创作边排练,边排练边修改。由于即兴创作太多,台词更换频繁,演员本人也定不准台词,如此下去演出时必然乱套。为将台词固定下来,我们推选出"执笔"。"执笔"不仅在排练时当"场记",录台词,还必须在当天晚上和第二天清晨将台词整理誊清。在剧本初具规模后,演员仍有即兴的口头创作,只得继续斟酌修改。剧本经几个日夜苦战后初步定型,谓之"多幕话剧",实为"多场"话剧。

在校内正式演出前,我们向市里某剧团借来布景道具,同学们非常高兴。演出那天,全校师生对我们班这个"压轴戏"特别期待。从师生观剧时的表情和散场后的议论反馈来看:演出效果比较成功。

为了更好地修改剧本,总结工作,我们召集了近 30 名师生参加大型座谈会征求意见,发言的同学很多,生化科的郭寿根同学第一个发言,我们班的李进法同学代表文工团地方剧组讲了几点意见，会上还就一些看法展开了争论。

几天后，我们应邀为修筑铁路复线的民工作慰问演出。但这个排在最后"压台"的多幕话剧并未拉住观众，快结束时台下只剩下几个人。我们总结原因：一是他们对话剧不感兴趣；二是演出时间太迟，他们明天一大早就要上工；三是我们表现的劳动动作（如打夯）有错，让他们笑话。当然这次演出也给了我们改进的契机。

过了不久，学校决定将《战斗在驸马庄》送市里会演争取选拔上南京，接着市文化处派来了导演梅占先同志。据说文化处对此剧也产生了兴趣，因而派出导演，这下我们的劲头更足了，又认真修改了剧本，并在梅占先的指挥下认真排练。为了保证演出成功，不能仅凭演员个人记台词，必须将"执笔"手中那份唯一的剧本整理刻印，发给导演、演员和其他工作人员。于是潘荣东、刘龙、包圣志等同学用钢板刻写蜡纸，朱福祥同学设计封面，最后我和潘荣东、刘龙、倪春生等同学开夜车油印装订成册，除了演职人员人手一本外，还赠送给了10多位师生。

在镇江市人民会堂演出的那天晚上，主持会演的同志交代，无论如何不能超过30分钟，否则不让上演。我们争取了很久，偏偏那时在台上演的节目又超时，报15分钟演了30分钟仍不下台，这使那位主持人不肯轻易答应我们报半小时的"多幕剧"了，最后总算用排在最后来换取不限时。我们真担心又落个慰问民工演出那样的结果，但总不能放弃演出啊！我们全体演职人员决心以成功的演出来拉住观众。我们上场时已是10点多钟了，可没有人离座，观众都认真地看完了演出。大概是我们在梅导演帮助下确实有了长进，使演出有了感染力。参加市里这场会演，我们全都感到心情舒畅，看到付出辛勤劳动后取得进步。与市里其他单位的节目相比，自忖选送南京演出的可能性很小，但仍抱着一线希望。结果，当然是演出活动就此画上了句号。自编自演《战斗在驸马庄》的全过程，对我们文科同学而言，确实是一次难得的锻炼机会。

《拔根芦柴花》余音绕梁

原镇江师专的礼堂不大，是原镇江合作干校的，开会时全校师生济济一堂，开饭时则又成了饭菜飘香的餐厅，其面积不知有多少平方米，却可容纳近千名师生，因而成了师专集会、宣布大事的最聚人气的中心。在原丹徒县委挂职的丹徒籍著名诗人闻捷，曾应邀在此作过报告，师生有幸一睹大诗人才华横溢、儒雅倜傥的风采。

那时我们的物质生活十分艰苦，但精神生活却是比较充实的。学校团委、学生会及各科学生分会的宣传部和文娱部工作都十分活跃，在礼堂常常有庆祝各种节日的文艺演出和各科各班参加的年度会演，其时，精彩的表演常常赢得热烈的掌声。

1959年入学的中文（3）班学生许英，在一次全校文艺演出中登台高歌了一首民歌《拔根芦柴花》，博得台下阵阵喝彩和长时间热烈的鼓掌。余音绕梁，歌者一炮走红。

《拔根芦柴花》是流行在江苏北部的一首充满浓郁乡土气息的民歌，人们早就熟悉了这首用隔江相望的扬州方言唱响的歌曲。眼前的许英台容大方，初展歌喉就表现不俗，她以优美的音色，甜润的唱腔，时而高亢激越，时而轻柔婉转，抒发了欢乐与喜悦之情。正是这种在山野粗犷中传递着妩媚亲切柔情的歌声，深深地打动了台下的年轻学子。同学们将掌声和欢呼毫无保留地送给了她。

爱好音乐的大学生是十分挑剔的，但他们承认，许英的演唱与电台播的和唱片放的不相上下。许英是南京人，凭借天赋、技巧以及如此原汁原味的扬州方言，她的演唱准确地体现了民歌清新纯朴的风格，确实不同凡响。此后，在全校性的演出中，不管许英有无节目，台下必有呼声，要请许英唱《拔根芦柴花》，她也总是不会扫大家的兴，在司仪的招呼下款步走上舞台，为同学们高歌一曲。渐渐地，在很长一段时间里，每次在礼堂搞文艺演出，就必有许英唱《拔根芦柴花》。

"有铜钿要买点书看看"

我们中文(1)班的第二任班主任是许绍光老师,他当时50多岁,中等身材,很壮实,初次见面,定会将他认作"赳赳武夫",殊不知其乃一介书生也。许老师是江苏宜兴人,据说新中国成立前曾受聘为之江大学副教授。

许老师的性情与其外貌反差极大,他冷静沉稳,敦厚善良,婆婆嘴但有副菩萨心肠。我作为学生干部,与他接触较多:他与你交谈,布置工作,极为细致,慢条斯理,重复再三,唯恐你记不住;凡事总取商量的态度,决不强迫命令。

许老师给我们讲授中国通史,他讲课也别具一格,始终用浓重的宜兴方言,讲到要强调之处必瞪大眼睛,加重语气,手势则由四指卷曲食指点点状迅速变成展开手掌用力向下劈去,像要劈开什么东西似的。

许老师留给多数同学深刻印象的是他劝学生多买书的一席话,极具个性色彩。那时他常常操浓重的宜兴乡音告诫学生:"有铜钿要买点书看看,勿要买东西吃(音 qi)。"并且他进一步阐述:买东西吃了,就没有了,买书看过了还能留下来,可以长期保存,经常拿出来看看,等等。学生都能理解许老师的好心劝导,但我们穷学生没有什么钞票,所谓"有铜钿",也只是一点零用钱,能买几本书?都用来买书了,其他日用品怎么办?

但水滴石穿,在许老师的劝导下,班上买书的同学渐渐多了,在"买书看"和"买东西吃"之间多了一番权衡之后,多数人往往选择了前者。我工作以后虽然工资较低,但每月总有一定比例的钱花在买书上,单身宿舍的藤柳书架装得满满的,颇为可观。"文革"初期,校内红卫兵通令教师交出封、资、修黑书,你敢不交么?查到了那就"一切后果自负"啊!教师们交出的一大批书,没人来审定,最终都被装车拉走,送进了大东造纸厂的纸浆池。

十年浩劫后,我仍然遵从许老师的话,继续买书。每当有人谈起我的藏书时,我便向其介绍许老师当年的教诲,也常常以此来启迪我的门生。我们老同学聚会中谈起师专的老师时，总有人会模仿许老师劝学生买书的一席话，其中最传神的当数语言模仿能力超强的潘荣东，他把许老师当年讲话的语音、语调乃至动作、神情模仿得惟妙惟肖，让人忍俊不禁。

"是我们的，也是他们的"

1960 年 2 月 4—10 日，全国学联在北京召开中华全国学生联合会第十七次代表大会，镇江师专这所新高校也分配到了一名正式代表出席大会，我校学生会主席光荣赴京参加这次全国性的会议。

全国学联大会胜利闭幕后，我们学生会主席回到学校，召集全体学生在礼堂作了一场报告，传达全国学联大会的精神。同学们都非常兴奋，因为有本校学生代表去北京开会，带回大会精神，颇有亲切感和自豪感。我们的学生会主席也很兴奋，他介绍了大会进程和报告讨论的内容，还讲到了领导接见、代表合影等等情况，总之把所见所闻、会议精神、感想体会等统统报告给大家，让全校同学分享、领会。不料，在传达毛主席的一段讲话时，只听到我们学生会主席讲："毛主席说：'世界是我们的，也是他们的，但归根结底是你们的。'"认真听他作报告的台下同学先是一愣，接着就爆发出哄堂大笑。讲话的人被台下的哄笑搞得有点儿茫然，他估计自己讲错了什么，于是又讲了一遍，台下更多的同学又笑得前俯后仰，合不拢嘴。此时，他实在顾不得再去想错在哪儿了，只是自言自语地补了一句：总之就是这个意思吧？引得台下的同学又哄笑了一阵。

那位学生会主席传达的是毛主席 1957 年 11 月 7 日在莫斯科会见我国留学生和实习生时的谈话，毛主席的原话是："世界是你们的，也是我们的，但归根结底是你们的。"毛主席对留学生和实习生谈话是面对面的，他站在自身的角度讲话，称留学生、实习生为"你们"，称自身这一方为"我们"。而我们的学生会主席在传达毛主席这段谈话时，将毛主席原话中的人称搞乱了。此前，毛主席这个谈话在报上发表后，经学习宣传，大家已比较熟悉,尤其是青年学生,都已耳熟能详。因此,我们的学生会主席刚说出口,同学们就愣住,接着忍不住哄堂大笑起来。幸好那时是在20世纪60年代初,尚无读错"最高指示"要被批判的砸烂之虞。

我们的学生会主席当年不仅在无意中给我们留下了回忆的话题,并在同学聚会时成为开怀大笑的生动段子,而且还为语文教学提供了一则不可多得的生动案例。

(王联元)

历史瞬间

　　周恩来总理十分关心我校戴桂蕊教授的内燃水泵研究工作。戴桂蕊教授奉命组建我国第一个内燃水泵研究小组。1958年，样机试制成功，在全国农业机械展览会上获得特等奖，《人民日报》以《排灌机械的大革命》为题进行了报道，周恩来总理亲临实验室看望戴桂蕊教授任组长的内燃水泵研究小组工作人员。

1959 年，戴桂蕊教授(前排左 2)参加全国内燃水泵评定会(戴立玲提供)

戴桂蕊教授(右 1)在排灌机械研究场地指导研究工作 (戴立玲提供)

原中共中央政治局常委、国务院副总理李岚清非常关心江苏大学各项事业发展,多次莅临学校指导工作。

1993年10月31日,李岚清视察原镇江医学院。

2001年6月5日,李岚清视察原江苏理工大学,听取校领导介绍学校各项事业发展情况。

2003年12月9日,李岚清再次视察江苏大学。

2005年4月30日,李岚清莅临江苏大学举办《音乐·艺术·人生》讲座,2000余名师生聆听教诲。

2007年5月8日,李岚清视察江苏大学新校区建设。

2007年10月31日,李岚清莅临江苏大学举办"李岚清篆刻艺术展"。

李岚清著作书影

李岚清为学校篆刻的"博学 求是 明德"校训印章

1945 年，20 名中国学生考取"教育部"公费留学研究生，3 年后他们学成归来，成为中国农业现代化专业的学科缔造者，其中有 3 位在江苏大学工作，他们是：高良润、吴起亚、吴相淦。

　　1945 年，"教育部"领导与 20 名青年在中国农业机械公司(重庆李子坝)大门前留影。第 2 排左 1 为吴相淦，左 2 为吴起亚，右 3 为高良润。前排右 4 为顾毓秀先生(国民政府抗战时期教育委员会主任委员)，右 1 为陈东原(国民政府著名教育家)(徐及提供)

　　1948 年 5 月，研究生们结束了在美国的学习生活，即将回国时拍摄于美国加洲。前排左 5 为吴相淦，右 2 为吴起亚，后排左 3 为高良润(徐及提供)

1960年,镇江农业机械学院成立后,高良润和吴起亚来校工作,他们是我国农业现代化专业的学科缔造者,对学校事业的发展起到了关键的作用。以下为1949年夏,他们在南京大学农业工程系时,与师生在原丁家桥校园内合影。

前排左6为吴起亚,左7为高良润(高良润提供)

左2为吴起亚,左4为高良润(高良润提供)

20世纪60年代，一批留苏学子先后来我校（时名镇江农业机械学院）工作，他们成为学校事业发展的骨干力量。以下是他们留苏期间的一组珍贵的照片。

高行方（右1）在苏联留学时与同学合影
（高行方提供）

1957年李树德（左1）在前苏联留学期间与前苏联教授和中国同学在列宁格勒（现名彼得格勒）近郊休养所合影（李树德提供）

1957年刘星荣、王锦雯夫妇在前苏联留学期间摄于学校附近的苏联农业展览馆前

1962年金中豪（左1）在前苏联留学期间做实验时留影（金中豪提供）

1960年前苏联哈尔科夫工学院中国毕业生与校长、
导师合影,后排左6为陈元生(金中豪提供)

1956年在前苏联莫斯科农业机械化电气化学院学
习的中国留学生合影,右1为孙一源(金中豪提供)

1955年，王德杉（左1）与同学摄于前苏联莫斯科汽车实验室楼下（王德杉提供）

1959年，前苏联哈尔科夫工学院全体中国毕业生与校、系领导合影，第2排左4为沈齐英（金中豪提供）

1955年，我国第一个农业机械设计制造专业在南京工学院诞生。1956年聘请前苏联罗斯托夫学院农业机械专家尼·伊·尼古拉也夫来华指导筹建农业机械设计制造专业。以下是一组尼古拉也夫当年的珍贵照片。

1957年，尼古拉也夫(前排左6)与农业机械教研室教师和首届农业机械设计制造研究生合影(沈林生提供)

尼古拉也夫与农业机械教研室教师合影(沈林生提供)

尼古拉也夫给研究生和农41班学生讲授"选料筒理论"课程，孙一源任翻译(吴菊生提供)

听完尼古拉也夫讲课后，农41班学生与专家合影(吴菊生提供)

尼古拉也夫在指导
学生(许华林提供)

高良润(左1)、桑
正中(左4)等人在
尼古拉也夫(左5)
家中作客(许华林
提供)

尼古拉也夫在华
期间培养和指导
了一批中青年教
师和郭骅等8名
全国第一批农机
研究生。图为尼古
拉也夫与8位农
业研究生合影(郭
骅提供)

239

自 1980 年 9 月始,学校先后为亚太地区农机网和联合国工发组织举办了 15 期农机培训班,为受援国家培训了一大批高水平的农机技术人员,促进了我国和第三世界国家的经济技术合作和国际友谊。

1980 年,亚太农机网第一期农机培训班师生合影留念

第一期亚太培训班机械制造教学实习,右 1 为李汉中(李汉中提供)

1982 年,联合国亚太地区第二期农机培训班实习留念(李敏提供)

1983 年 10 月，联合国工发组织第一期农机培训班参观丹阳柴油机厂（李敏提供）

1983 年 10 月，联合国工发组织第一期农机培训班参观江苏武进机具厂（李敏提供）

1984 年 10 月，联合国工发组织第二期农机培训班结业典礼

1984 年 10 月，联合国工发组织第二期农机培训班留影（摄于金坛）（李敏提供）

1985年6月，亚太农机网第三期农机培训班结业典礼(李汉中提供)

1985年9月，联合国工发组织第三期农机培训班在金坛柴油机总厂实习留念(李敏提供)

1985年10月，联合国工发组织第三期农机培训班结业典礼

1986年10月，联合国工发组织第四期农机培训班结业典礼

1987 年 9 月，联合国
工发组织第五期农机
培训班结业典礼

1988 年 10 月，联合国
工发组织第六期农机
培训班结业典礼

1989 年 9 月，联合国
工发组织第七期农机
培训班开学典礼

1991 年 9 月，联合国
工发组织第八期农机
培训班开学典礼

1991年,联合国工发组织第八期农机培训班学员在常州插秧机厂实验田学习驾驶插秧机(卞焕铨提供)

陈翠英教授（右4)在给亚太农机研讨班学员授课

1984年,亚太农机网农业发展战略国际会议代表团来江苏工学院参观访问

江苏大学是 2001 年 8 月经教育部批准，由原江苏理工大学、镇江医学院、镇江师范专科学校合并组建的以工科为特色的教学研究型综合性大学。原江苏理工大学的前身镇江农业机械学院，1978 年被国务院确定为全国 88 所重点大学之一；镇江医学院、镇江师范专科学校在医学、教育领域都有着光辉的历史，以下是三校合并组建前的珍贵历史瞬间。

1960 年 10 月，镇江农机学院选址

学生在镇江农机学院大门前留影（陆朝元提供）

1965 年 4 月 29 日，军训一营女排全体战士与刘振堂书记合影（刘昱提供）

建校初期校景，图片中是我校最初的三幢建筑物（毛志甫提供）

原南京农机学院(筹)领导在南京工学院礼堂前合影,前排自左
至右:阳名沅、孙一源、钱定华、金瑞琪,后排自左至右:马铭驰、
余登宛、张融甫(阳名沅提供)

1961年,南京工学院九系农机学院的部分人员和南京工学院院、系领导合影

镇江农业机械
学院建设工程
国家验收典礼

1963年吉林工
业大学欢送排
灌机械专业师
生南迁时合影
（林洪义提供）

1981年镇江农
机学院建院举
行20周年大会

1982 年江苏
工学院揭牌

1994 年江苏
理工大学揭
牌仪式

2001 年江苏
大学成立大会

我校第一批享受国务院政府特殊津贴的教授(王来生、宫镇、桑正中、吴守一、高宗英未参加合影)与机械部领导合影(金树德提供)

1981年,高宗英在奥地利获得博士学位后 (新中国第一个内燃机学科博士)与导师,国际内燃机权威李斯特教授等合影(高宗英提供)

1985年,张际先成为我院培养的第一个博士,图为答辩后合影留念,左5为张际先

1994年1月8日,我校博士研究生张建平通过博士论文答辩,这是我国自行培养的第一位农产品加工工程博士

陈云阁工作照
(陈晓绯提供)

博士生导师高
良涧教授和桑
正中教授在指
导博士生

1964年左右,钱
定华教授率我国
传统农机具理论
研究科研小组在
江西省南昌市完
成江西传统农具
轧耙理论研究试
验工作后留影

1991年，学校建校30年校庆时洛阳拖拉机厂赠送拖拉机的场景

1992年6月，中国农机事业回顾与展望研讨会在我校召开。前排左起：桑正中、朱斐、高良润、吴起亚、张季高(农业工程学家)、曾德超(农业工程与农业机械化专家)、李克佐(总工)、水新元(农业工程专家)、万鹤群(农业工程学家)

拖拉机田间耕作

学生在进行锻工实际操作

教师指导学生进行水泵性能试验

农机742班学生军事训练(赵立强提供)

1960年5月7日，在常州拖拉机厂我院师生庆祝遥控拖拉机试制成功(王德杉提供)

国立江苏医学院
大门

1954年,江苏省南
京医士学校第一
届毕业生毕业典
礼(魏元江提供)

1953年,中国新
民主主义青年团
南京医士学校支
部欢送第一届结
业同志留念(唐
文梅提供)

1982年，镇江医学专科学校赴广西百色地区卫校支援教学与医疗工作人员合影(丁继良提供)

1982年，镇江医学专科学校首届医学检验大专班与南京军区总院专家在教学楼前留影(许文荣提供)

1983年4月，江苏省援桑医疗队外语培训班结业留影(丁继良提供)

1985年，镇江医学院首届教师节大会暨1985级新生开学典礼

1958年,镇江师专创办时全体师生合影(钱树伟提供)

1960年,镇江师专两周年校庆时第二届团总支委员以上干部合影(王联元提供)

1960年,共青团镇江师范专科学校委员会第一届全体共青团员合影(钱树伟提供)

1960 年,镇江师专代表队荣获镇江市大、中专学校春季射击赛冠军,队员在靶前留影(宋世同提供)

1960 年 4 月 23 日,镇江师专校长虞荣和、团委书记钱树伟与数理"五好学生"合影(宋世同提供)

1961 年 5 月 4 日,镇江师专教工团总支为纪念"五四"青年节演出活报剧《火烧赵家楼》,演出后演职人员合影留念(宋世同提供)

1962 年,镇江师专理化科全体教师合影(宋世同提供)

后　记

　　回顾江苏大学的发展史,漫步历史的回廊,一部辛勤耕耘、艰苦奋斗的画卷跃然眼前。江苏大学的发展史就是新中国教育史的一个缩影,江苏大学的成长更是与祖国日新月异的发展紧密相连。学校的发展与人是分不开的,江苏大学与其他高校一样,是群星荟萃、人才辈出的地方。江苏大学作为以农机起家的工科院校,在学校的创办、发展过程中,有一大批在行业领域有很高知名度的德高望重的教授,如戴桂蕊、高良润等。我们敬佩所有为江苏大学发展作出过贡献的人们,不论年老的还是年轻的,不管已经谢世的或是正当壮年的,让我们对他们为学校发展所作出的贡献表示感谢。

　　前事不忘,后事之师。历史是一面镜子,历史就是社会的变革过程。今天的我们想要明辨是非,领悟昨天的精髓,就必须以史为鉴,以人为本。《江苏大学史话》一书的编写工作自 2010 年 10 月启动,旨在围绕学校发展的主线,通过故事说历史,折射和传承江苏大学深厚的文化底蕴、生动的学校变革、优秀的校园传统、丰富的校园生活、可敬可爱的人及其高贵品格。全书主体分沧桑岁月、奋斗足迹、人物春秋、流芳轶事、历史瞬间 5 个部分。本书编写工作历时一年,编写人员查阅了大量的资料,在广泛了解史实,深入采访知情者的基础上,不辞辛苦、同心协力,力求反映江苏大学发展史中最具魅力的部分。本书编委会也多次召开会议,对全书的目录和文稿进行反复研究和审读。在这里我们要特别感谢接受我们采访的各位老领导、老教师和为本书编写提供文字、图片资料的各位老师，感谢高良润老先生亲自为本书撰写序言。同时，本书在编辑过程中借鉴、引用、参阅了不少学校历史资料，在此一并表示诚挚的感谢。

由于时间相隔久远，编者水平有限，本书难免有疏漏之处，随着学校的跨越式发展，我们在恳请广大读者批评指正的同时，也期待后来者不断加以补充和完善。

本书编委会
2011 年 9 月